手間、塩いらずで
うま味たっぷり

干物料理帖

うすい はなこ

本書の表記について

・1カップは200mℓ、大さじ1は15mℓ、小さじ1は5mℓです。
・火加減は、とくに表記がない場合は、中火で調理してください。
・冷凍の干物は冷蔵庫で自然解凍してから調理してください。
・干物の重さは目安です。
・「しょうゆ」とあるのは濃い口しょうゆです。
・出汁は、とくに表記のない場合は、かつお節と昆布で取ったものを想定しています。
・炊き込みごはんを作るときは、厚手の鍋を使いますが、電気炊飯器でも大丈夫です。

はじめに

魚介類に塩をして貯蔵する方法は、先史時代から行われています。縄文時代の遺跡には、干物を作った跡が遺されていますし、奈良時代の正倉院文書や、平安時代に記された「延喜式」にも干した魚の記述などがあります。保存が可能になったことで、近くに海がない場所にも運ぶことができ、上質なタンパク源として重宝されていたことがわかります。

干物を作る技法は、日本人が長い間かけて培ってきた、叡智のかたまりです。魚種や大きさ、脂ののり方やとれた漁場などによって、それぞれ塩につける時間や、干す時間、開き方まですべて違い、干物だからこそおいしくなる魚、干物に向かない魚を見分け、経験によっていちばんよい方法を選んでいくのです。

干すことでうま味が増し、水分を抜くと同時に独特の臭みを取り除く。つまり干物は、魚を最もおいしい状態にしてくれている、とも言えます。

残念なことに、魚の漁獲量は減り、海の環境も変わっています。何百年先も、この素晴らしい知恵とおいしさが残っていてくれることを、願ってやみません。

干物で料理というと、聞き慣れないかもしれませんが、日本には昔から干物を使った料理がたくさんあります。焼くだけではなく、煮たり蒸したりもできますし、要は魚をおいしく食べることができればよいのです。干物は生の魚より手軽で扱いやすく、現代の食卓に向いているのではないでしょうか。気軽に魚料理を楽しめるよう、本書をご活用いただけましたら幸いです。

みなさまの日々の食卓に、「おいしい」がたくさん増えますように。

うすい　はなこ

干物とは……

魚介類を乾燥させ保存性を高めたもの

もともと干物は保存食として発達してきました。保存性を高めるためには、「魚に塩をして干す」か、「カラカラに干す」必要があります。形としては、魚を開き、内臓を取り除いて干したものと、内臓ごとそのまま干したものがあり、干し具合によって、完全に干したもの（本干・上干）や、ソフトな生干し（半干、一夜干し）などに分かれています。

干物は「合物」とも呼ばれています。合物とは、生と乾燥品の間、もしくは塩をしているものと塩をしていないものの間、という意味です。塩を使わず完全に干した「本干もの」は、乾物として魚専門の乾物屋で扱われます。また、しらすや煮干しは干魚（かんぎょ）といわれ、合物と干魚を「塩干物」と言います。本書では、これらも干物の仲間として取り上げました。

塩をして干すのは、腐敗防止に水分を抜くためですが、同時に魚のうま味が増す、というメリットがあります。昔は天日に干していましたが、近年は乾燥機を使って乾かす方法が多くとられています。

干物は全国にあり、それぞれの土地の名産品となっており、魚港の近くだけでなく、内陸の運ばれた先でも食べ方が工夫され、郷土食となった料理もたくさんあります。

干物は塩分が多いというイメージがありますが、最近はどの家庭でも冷蔵庫を利用するため、保存のための塩分量はぐっと少なくなっています。むしろ、魚がおいしく食べられる塩分量を考えて作られています。種類が豊富で、バリエーション豊かな干物を、身近な食材として楽しみましょう。

（取材協力／魚の達人・漫画「築地魚河岸三代目」アドバイザー　小川貢一さん）

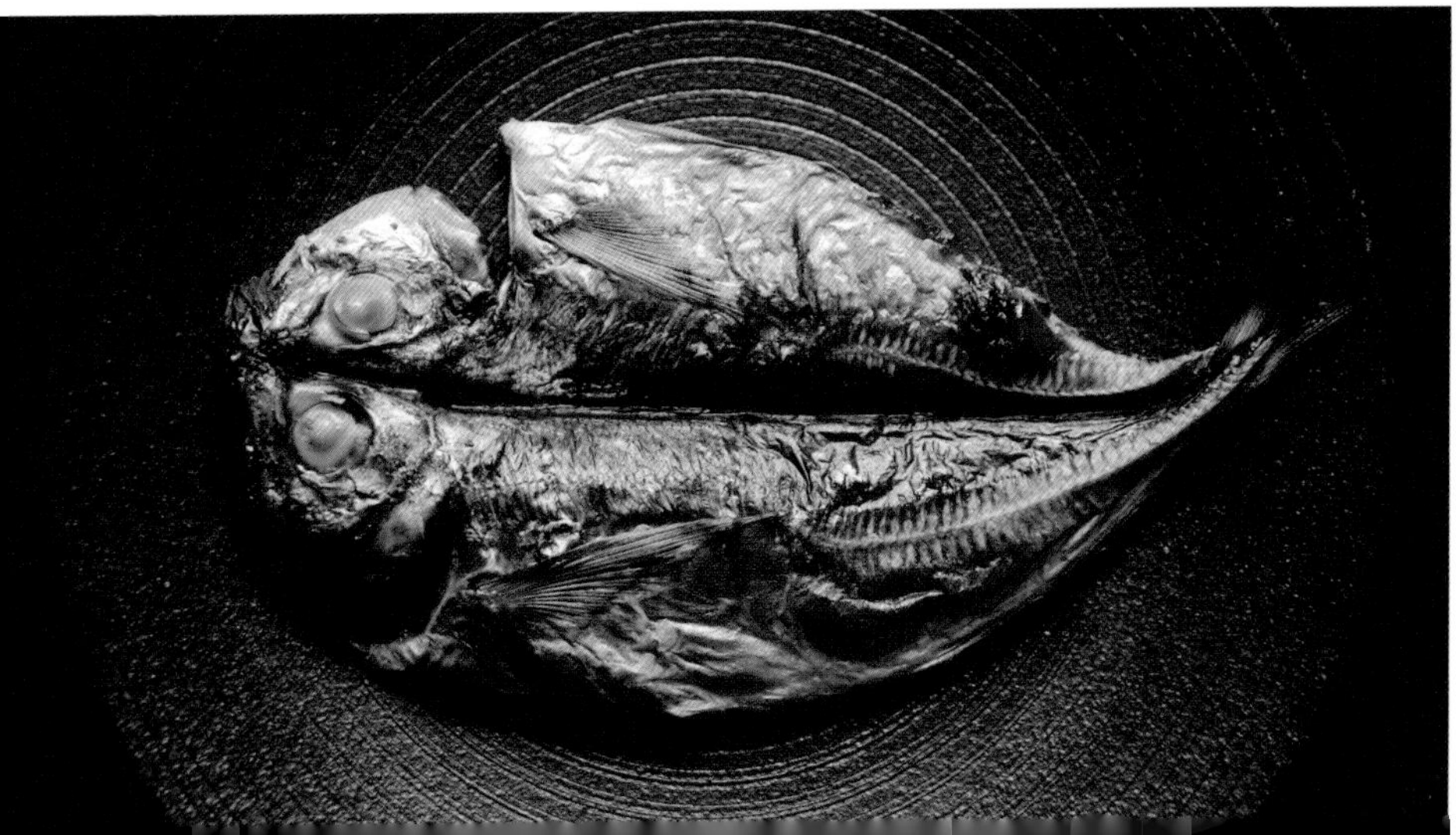

干物は朝食の原点

ごはん、みそ汁（なめこ、小ねぎ）、アジの干物、切り干し大根の煮物、ぬか漬け

干物といえば、朝食の定番アイテム。ごはんとみそ汁、焼いた干物、それにちょっとした煮物や漬け物があれば、完璧な朝食です。

干物が庶民の朝食に登場するようになったのは、江戸時代くらいのことです。当時、長屋など庶民の住まいには流し台がなく、魚をおろすことができませんでした。河岸で魚を仕入れてきた「振り売り」の魚屋から、おろした魚やさくにした刺身を買っていたのです。そうした生の魚は贅沢なので夕食にし、保存もできなかったので、朝食は必然的に干物が多くなりました。

かまどでごはんを炊きながらみそ汁を作り、干物は外の七輪で焼いて、作り置きのお菜を添える。こうして朝食の基本形ができたのです。

この朝食は栄養的に見ても、遜色のないものです。ごはんで炭水化物を、魚の干物でタンパク質を摂り、みそ汁と漬け物などで野菜と発酵食品を摂ります。干物には、生の魚と同じく健康効果の高いオメガ3系脂肪酸、ＤＨＡ、ＥＰＡが多くが含まれていることも見逃せません。

干物をメインにした朝食は、カロリーを摂り過ぎることもなく、健康を維持することができる食事です。いまからでも原点に戻って、干物のある食生活を始めてみませんか？

焼くだけで洋風に

いまや半数以上の人が、朝はパン食にしているそうです。確かに、和食でも洋食でも好きなものをいろいろ食べられるのが、現代人の特権でもあります。ただ、朝のパン食となると、ベーコンやウィンナ、ハムといった塩気や脂質の多いおかずになってしまいがち。卵は別として、こうした加工品には添加物も入っています。

そこでおすすめしたいのが、干物のソテー。フライパンで焼くだけで、皮がパリッとして、おいしく食べられます。塩分があるので、味つけはこしょう少々のみ。あとは同じフライパンでトマトやアスパラなどを炒め、生野菜をつけるだけ。お好みでヨーグルトや果物を加えれば、栄養的にも申し分ありません。「パンに干物」をぜひお試しください。

サバのソテー、トマト炒め、グリーンサラダ、パン

干物のメリット

生魚より 日持ちがいい

水分が少ないので腐りにくい。真空パック入りで売られていることが多く、賞味期間が生魚より長い。冷凍品は長期保存も可能。

生魚より 安価

旬の魚を使用したり、大漁時に仕入れるため、割安。高級魚でも、小ぶりのものが干物として加工されるので、お手頃価格で買える。

うま味がある

魚の水分を抜いてある分、魚のうま味成分が凝縮して、生臭い成分も抜けておいしくなる。

栄養価が高い

魚は良質のタンパク質。干物にしても栄養分は失われない。ＤＨＡ、ＥＰＡといった優良な脂質も多く含まれ、生活習慣病の予防になる。

生魚より 短時間で調理できる

余分な水分がなく、火の通りが早い。むしろ短時間で仕上げたほうが、身がかたくならない。

下ごしらえ不要

内臓やエラを取り除き、塩をしたり乾燥してあるので、すぐに調理できる。

塩を使わずに済む

塩水につけてから乾燥した干物は、調理するとき塩は不要。しょうゆなどは風味づけ程度に。

干物の種類

本書では干物の種類を4つのグループに分けて、それぞれの特徴を生かした調理ができるようにしました。

青魚

背が青い魚。おなじみのアジ、サンマ、イワシ、サバなどです。干物にするとうま味が出るのはもちろん、青魚には不飽和脂肪酸が多く含まれており、脳の働きをよくし、動脈硬化を予防する効果などがあります。焼いただけでもおいしく、ほぐして野菜などと一緒に和え物にしてもよく、どんな料理法にも万能です。

白身魚

身が白く、コラーゲンが含まれるため、やわらかく、うま味があります。ここでは、カマス、ホッケ、アマダイ、キンメダイ、サケ、タラ、シシャモを取り上げました。焼く方法のほかに、蒸し物やスープ、煮つけ、揚げ物にも向いています。鮮魚だと高価な魚も、干物なら割安。口当たりのよい上品な味わいを提供してくれます。

イカ・タコ・貝類

コリコリした歯ごたえの中に、甘味とうま味がじんわり感じられます。どれも、やわらかくて扱いやすいのは生干し（一夜干し）ですが、もう少し強く乾燥させた丸干しや、カラカラに乾かした本干もあります。骨がないので、そのまま切って加えるだけ。和え物や炊き込みごはんにすると、独特のうま味が生かせます。

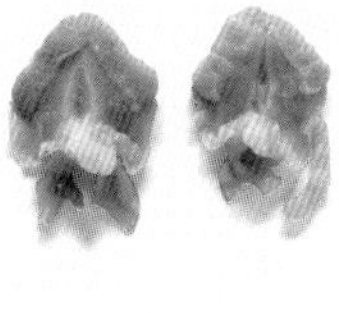

小魚・エビ

丸ごと食べられるのでカルシウムの供給源としてすぐれています。煮てから乾燥させる煮干し、塩水でゆでてから乾燥させるしらす干しやちりめんが代表的なものです。素干し桜エビは、塩を使わずに干しただけもの。どれもおいしい出汁が出るので、野菜や海藻との和え物に、炊き込みごはんの具にと、手軽に使えます。

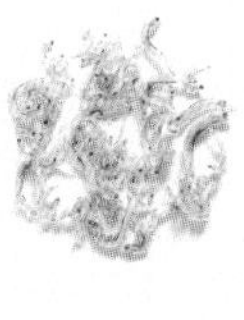

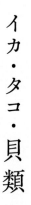

干物の選び方

干物選びのポイントはまず、目がきれいなこと。そして、身に赤味がかったつやがあり、透明感があること。形は、丸みのある肉厚のものを選びます。また、開きの干物であれば、骨が浮き上がっていないものを。身から骨が外れやすくなっていることを「蛇腹立ち」といい、あまりおいしくありません。現在の干物作りは、新鮮な魚を使用して作るので、品質的な問題はないのですが、店頭に並んでから時間が立つと、表面が黄色や赤茶色に脂焼けしてくるので、注意しましょう。

真空パックになっている干物は、ドリップ（分離した水）が出ているものは避け、冷凍品は、冷凍焼けがないかどうか確認します。

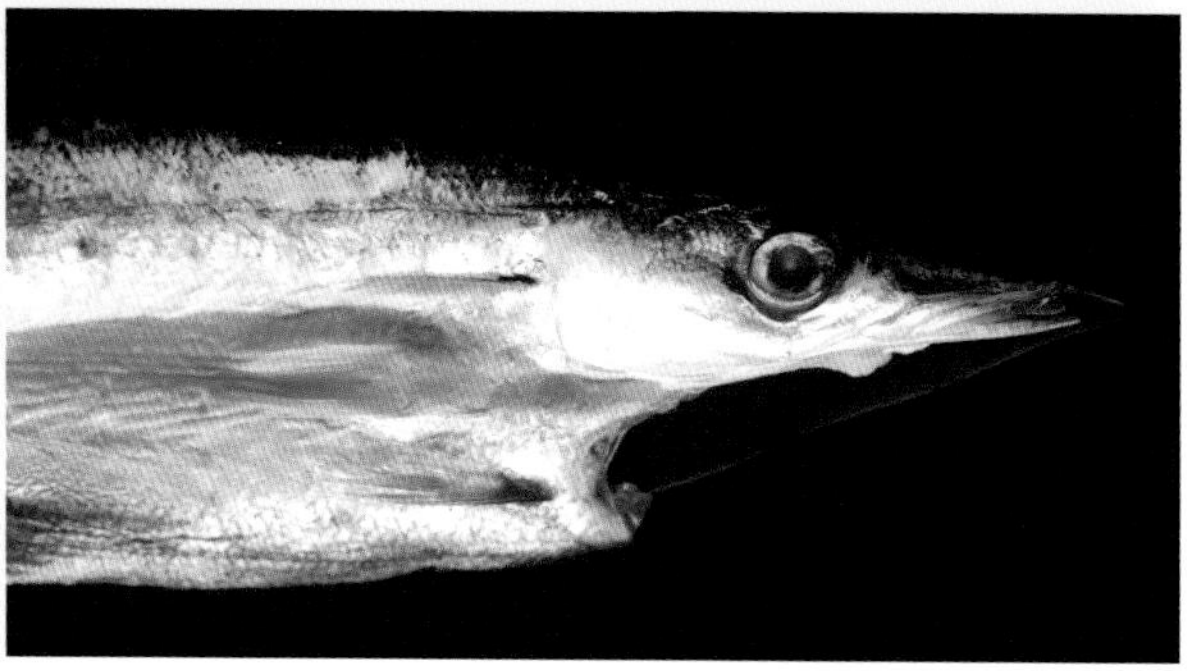

干物の保存法

干物の製造会社からは冷凍品で出荷されることが多いのですが、店頭では、見本品だけ解凍して、冷凍保存してあるところと、解凍しながら売っているところがあります。なるべく冷凍品を買ってきて、すぐに冷凍庫に入れて保存するのがベスト。その場合、真空パックになっているものはそのまま、ビニール袋に数枚入っている場合は、一枚ずつラップにきっちりと包み直して保存袋に入れ、冷凍庫に入れます。

解凍された干物を購入した場合は冷蔵保存し、3日のうちに食べます。冷蔵庫は蓋のあるチルド室がよいでしょう。真空パックの場合も解凍品はチルド室に入れますが、魚によってはとがった部分が袋を破くことがあるので注意します。これも数日以内に食べきります。

干物の調理法

干物は「焼く」だけではなく、「煮る」「蒸す」「揚げる」の調理もできます。加熱時間が短かく、味つけも簡単。

焼く

干物はちょうどいい塩加減にできているので、焼くだけでおいしいもの。上手に焼くには、ちょっとしたコツがありますが（p13参照）、こんがり焼けば皮もおいしく、小さい魚なら頭から食べられます。グリルで焼くのがおすすめですが、フライパンでも、油を少し引いて両面を焼けば、香ばしく焼きあがります。

蒸す

身がやわらかい白身魚に向いています。バットに調味液や香味野菜を入れて魚とともに蒸すと、蒸気とともにうま味が入り込みます。かぶら蒸しなど、ふわっとした食感に仕上げたいときに最適。蒸し器がなくても、野菜と一緒にフライパンに入れて蒸し焼きにすれば、野菜に濃厚な風味がつき、おいしいものです。

煮る

青魚、白身魚、どちらもそのまま煮物にできます。干物は塩味がついているので、しょうゆを加える場合は、30分ほど水につけて、塩抜きをします。生より火の通りが早いので、薄味でさっと煮ること。白身魚の煮つけのほかに、イワシの梅煮、サバのみそ煮などは、冷めてもおいしく食べられます。

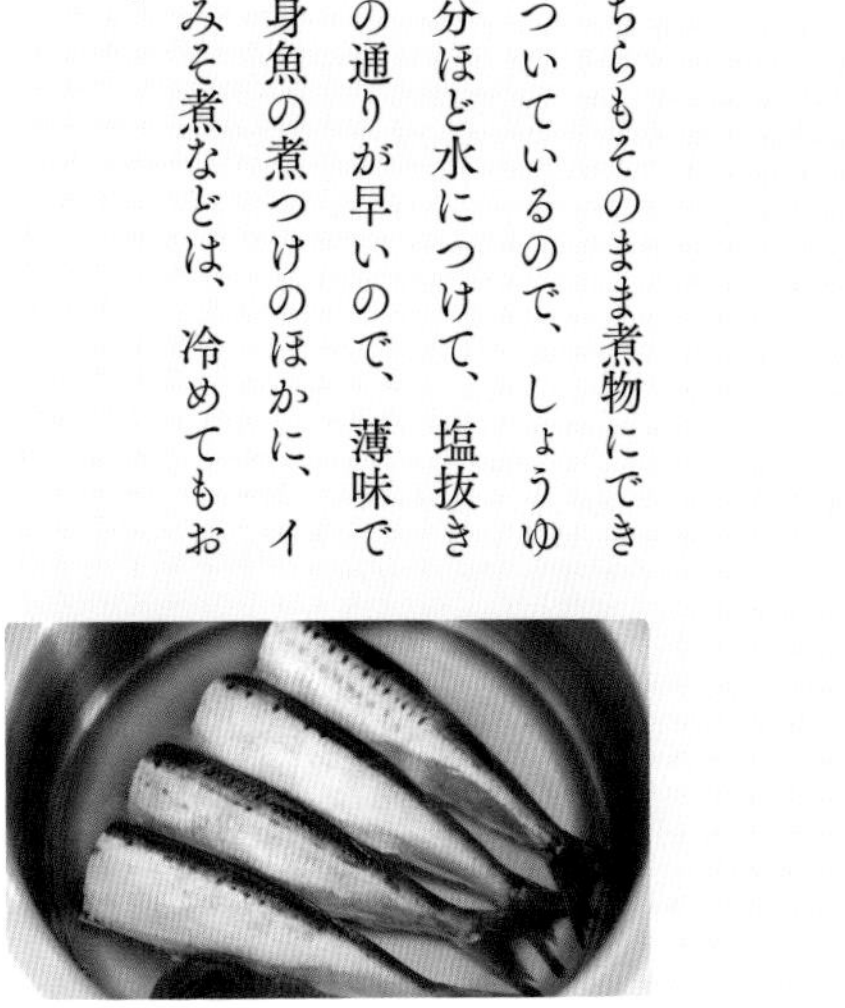

揚げる

魚の揚げ物は下処理が面倒なものですが、干物なら切り分けるだけ。魚の中に水分がないので油がはねず、ラクに揚げることができます。「焼く」「煮る」と同じく、火の通りが早いので、さっと揚げましょう。片栗粉や小麦粉をつけて揚げ、味つけしだいで和洋中、どんな料理にも変えられます。

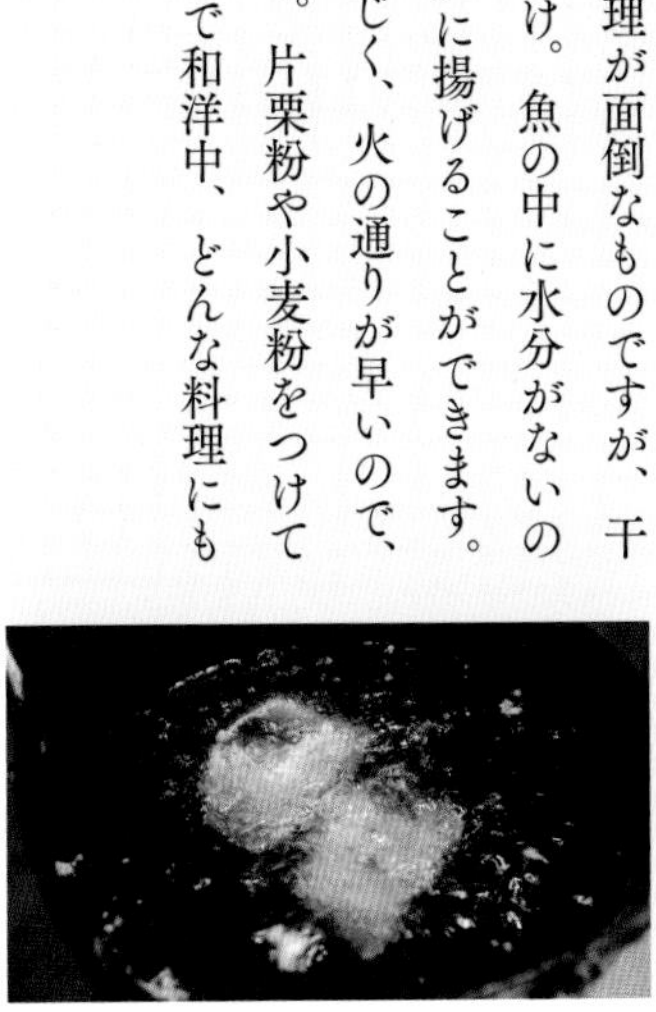

序章
干物なら すぐおいしい！

干物は、下ごしらえ済みで、ちょうどいい塩加減。焼くだけでおいしい料理です。そのまま食べてもよく、焼いたものをほぐしたり、切ったりしてほかの材料と合わせると、新しい味のハーモニーが生まれます。また、そのままごはんに炊き込んだり、野菜と煮たり、スープにしたり、干物のうま味を生かした料理もいろいろ。まずは、簡単でおいしい食べ方からご紹介しましょう。

干物の上手な焼き方

干物は、「焼いて食べる」のが基本。上手においしく焼きたいですね。それには、いくつかのコツがあります。現在はほとんどの家庭で、魚焼きグリルが使われています。そこで、グリルで干物を上手に焼く方法を見ていきましょう。

まず、グリルは温めておくこと。そして、グリルが上火（または上横火）の場合は、干物の皮目を上にして中火で焼きます。グリルが下火なら、皮目を下にします。そのとき、尾が焦げないようにアルミホイルを巻いておきます。8割方焼けたらひっくり返し、アルミホイルを取り、身側の水分を飛ばすために1分ほど焼けば完成。フィレや大きめの干物を切り身にして使う場合は、フライパンで焼いてもかまいません。

干物が焼けたら、熱いうちに食べること。冷めてしまうと身がかたくなって上手にはずせなくなり、味も落ちてしまいます。食べ方は、まず、尾を押さえて箸を骨のすぐ上に入れて身をはずし、頭の手前で身を切り離し、身をほぐしながらいただきます。パリッと焼けた皮も脂があっておいしいので、ぜひ皮ごと食べてください。

干物の尾にアルミホイルを巻き、焦げを防止。皮に焼き色がついたら、裏返して、身側の水分を飛ばす。

焼いてほぐす・切る

干物は焼くだけでもおいしいのですが、身をほぐしてほかの材料と合わせれば、和え物や汁物にと、アレンジの幅が広がります。イカやタコの生干しは、食べやすい大きさに切って使います。

アマダイとオクラの和え物

ふわっとやわらかい白身だから
オクラと合わせてなめらかに。
柑橘酢を加えて、
清涼感を添えます。

材料（2人分）

アマダイの干物 ── 1枚（200g）
オクラ ── 8本
A | しょうゆ ── 小さじ1
　| 酢 ── 小さじ1
　| 柑橘果汁（すだちなど）── 小さじ1/2

つくり方

1. アマダイはグリルなどで焼き、骨を取り除いて身を粗くほぐす。Aは混ぜておく。
2. オクラは塩少々をふって板ずりし、熱湯でさっとゆでて、ざるに上げる。ヘタを少し切り、縦半分に切って種を取り除き、5mm幅に切る。
3. ボウルにアマダイの身とAを合わせ、オクラを加えて混ぜ合わせる。

アジののり和え

干物1枚で2人分の副菜に。
しょうゆは控えめにし、
わさびで風味をつけます。
のりとみつ葉で香りを添えて。

材料（2人分）

アジの干物 —— 1枚（120g）
焼きのり —— 1枚
おろしわさび —— 小さじ1/2
しょうゆ —— 小さじ1
みりん（煮切る）—— 小さじ1
みつ葉 —— 適量

つくり方

1. アジはグリルなどで焼き、骨を取り除き、身を粗くほぐす（写真a）。みつ葉は1.5cm長さに切る。
2. ボウルにわさびとしょうゆ、みりんを合わせる。のりは1.5cm角にちぎり、キッチンペーパーにくるんでもむ。
3. アジの身と2、みつ葉をざっくりと混ぜ合わせる。

a
アジは焼き立てのやわらかいうちに中骨から身をはずし、箸でほぐす。こんがり焼けた皮も加えるとおいしい。

焼きイカの山かけ

軽く焼けば香ばしさが際立ち、
生とは一味違うおいしさに。
とろろに卵でコクをつけ、
出汁じょうゆでいただきます。

材料（2人分）

イカの干物（一夜干し）……1枚（180g）
大和いも……10cm（100g）
青じそ……4枚
うずらの卵……2個
しょうゆ……大さじ1と1/2
出汁……大さじ3

つくり方

1. イカはグリルなどで焼き、胴は1cm幅に切り、足は食べやすく切る。大和いもは皮をむいてすりおろす。
2. 青じそは繊維に逆らって細切りにし、水にさらしてアクを抜き、キッチンペーパーにくるんで水気をよく絞る。
3. イカを器に盛って大和いもをかける。青じそを天盛りにし、うずらの卵を割ってのせる。しょうゆと出汁を合わせ、食べる直前にかける。

そのまま入れる

干物は焼かなくても、炊き込んだり、煮たりすることができます。骨や皮のないすき身はちぎって使い、煮干しなどの小魚はそのまま加え、うま味を出汁に生かします。

タラとわかめのスープ

すき身のタラは水で戻し、ちぎってわかめと炒めます。煮干し出汁にタラのうま味が加わって、濃厚なスープに。

材料（4人分）

干しダラ（すき身）── 1枚（80g）
わかめ（戻したもの）── 100g
長ねぎ ── 1本
煮干し ── 30g
水 ── 1ℓ
ごま油 ── 大さじ1
しょうゆ ── 小さじ1
にんにくのすりおろし ── 1/2片分
すりごま ── 大さじ1

つくり方

1. 干しダラは水に1時間ほどつけて戻し、手でちぎる。わかめは1.5cm幅に切り、長ねぎは斜め薄切りにする。
2. 煮干しは分量の水につけておく。
3. 鍋にごま油を入れて、タラとわかめをよく炒める。煮干しを除いた2と長ねぎを加え、沸いたらアクをすくい、弱火で5分ほど煮る。しょうゆで味を調え、にんにくとすりごまを加える。

サンマみりん干しの炊き込みごはん

みりん干しを姿のまま
米から入れて一緒に炊くだけ。
サンマに合う実山椒が
ふわっと香る甘めのごはんです。

材料（２人分）

サンマみりん干し —— １枚(150g)
米 —— ２合
酒 —— 大さじ２
昆布水
　水 —— 370mℓ
　昆布 —— ３cm 角１枚
実山椒の青煮＊ —— 大さじ１

＊山椒の実を水にさらしてアクを抜き、塩ゆでにしたもの。冷凍保存して適宜使う。

つくり方

1. 水に昆布を入れて１時間ほどおき、昆布水を作る。米は研いでざるに上げ、30 分ほどおく。
2. 鍋に米、酒、昆布水（昆布は除く）、実山椒を入れ、サンマをのせる（写真 a）。強火にかけ、沸騰したら中火にして 10 分炊く。
3. 炊きあがったらサンマを粗く砕き、ごはんの天地を返して 10 分おく。

a
米に昆布水と酒を入れ、干物を焼かずに入れて炊く。実山椒を加えると、甘いみりん干しのアクセントに。

ちりめんと青菜の煮びたし

いい出汁が出るちりめんと
一緒に煮るから青菜がおいしい！
最後にとろみをつけて
うま味を余さずいただきます。

材料（2人分）

小松菜……1束（300g）
ちりめん……30g
水……1カップ
昆布（細切り）……4cm角1枚
A｜淡口しょうゆ……大さじ1/2
　｜みりん……大さじ1/2
　｜酒……大さじ1
水溶き片栗粉……約大さじ1
（片栗粉を同量の水で溶く）

つくり方

1. 小松菜は水につけてシャキッとさせ、4cm長さに切る。茎の部分と葉の部分は分けておく。
2. 鍋に分量の水と昆布、ちりめん、Aを入れて沸かし、小松菜の茎の部分を入れて煮る。火が通ったら葉の部分を加えて2分煮る。
3. 2を鍋の端に寄せて、水溶き片栗粉を入れて混ぜ、汁にとろみをつける。

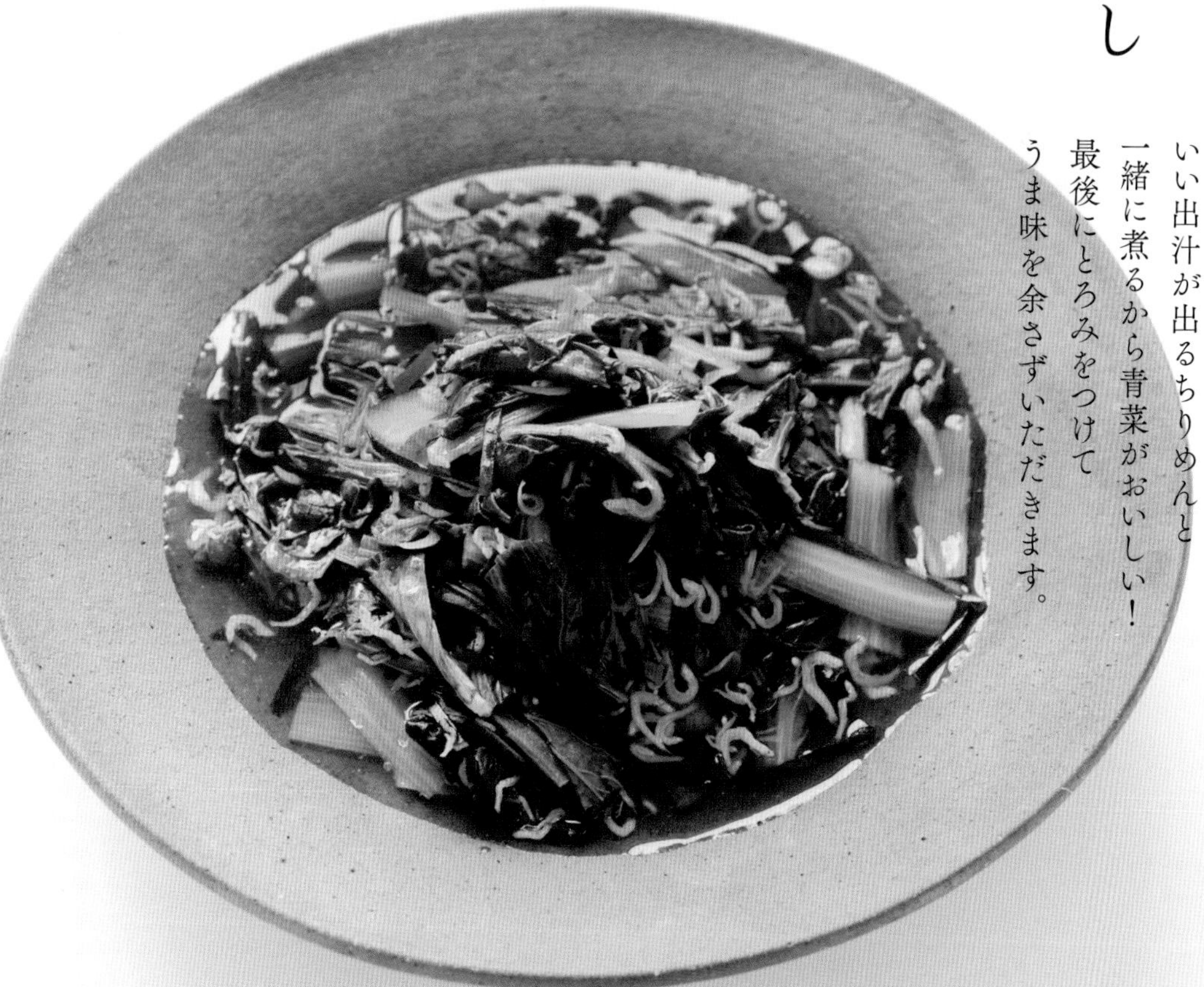

chapter 1

一章

おなじみの 青魚の干物で

青魚は健康食

ここでは、青魚の干物を取り上げます。青魚といっても、魚の分類名ではありません。昔から身近な魚として親しまれている、背が青い大衆魚のことです。アジ、イワシ、サバ、サンマなどは、干物としてもおなじみのもの。ニシンは生より干物を料理することが多いでしょう。ほかに、トビウオ、ブリ、カツオなども青魚です。

青魚には、私たちの健康にとってすばらしい働きをする栄養が豊富に含まれています。タンパク質、脂肪、ビタミンA、ビタミンB_1、ビタミンB_2、カルシウム、鉄分などですが、とくに注目すべきは、魚の脂肪に多く含まれるオメガ3系の不飽和脂肪酸です。そのなかの、DHA（ドコサヘキサエン酸）は脳によい成分として知られており、記憶力の向上、高血圧予防に効果を発揮。EPA（エイコサペンタエン酸）は悪玉コレステロールや中性脂肪を減らし、動脈硬化を予防する働きがあります。

これらの栄養素は、もちろん干物にも含まれています。安くて栄養があって、健康効果が期待できる青魚の干物を毎日の食事に取り入れましょう！

鯵

【アジ】

腹開きにして塩汁《しょしる》(塩水)につけ、乾燥させた「開き干し」が一般的。マアジが主流ですが、長身のムロアジもあります。最近は低塩傾向にあり、ほどよい塩分です。

アジのちらし寿司

干物の塩気とうま味、しょうがのさっぱり感。思い立ったらすぐできる手軽なもてなし寿司です。

材料(4人分)

アジの干物 — 2枚(120g × 2)
青じそ — 4枚
しょうが — 1かけ(30g)
A | 酢 — 60mℓ
　| 砂糖 — 大さじ2と1/2
　| 塩 — 小さじ1
ごはん — 2合分
卵 — 2個
B | 砂糖 — 大さじ1
　| 塩 — ひとつまみ
　| 酒 — 大さじ1

つくり方

1. アジはグリルなどで焼き、骨を取り除いて身をほぐす。
2. 青じそは繊維に逆らって細切りにし、水にさらしてアクを抜き、キッチンペーパーにはさんでよく水気をきる。
3. Aの材料を混ぜておく。しょうがは皮をむき、薄切りにして熱湯でさっとゆで、Aにつける。
4. ボウルに卵を割りほぐし、Bの材料を入れてよく混ぜ、鍋に入れる。弱火にかけ、束ねた2膳の箸で混ぜ続け、いり卵を作る。
5. 炊き立てごはんを飯台などにあけ、3をしょうがごと入れて、しゃもじで切るようにして混ぜて冷ます。ごはんにアジの身を混ぜて器に盛り、いり卵をのせて青じそを散らす。

アジとキャベツの煮びたし

材料（2人分）

アジの干物 ── 1枚（120g）
キャベツ ── 大4枚
水・酒 ── 各100mℓ
しゅうゆ ── 小さじ1/2

つくり方

1. アジはグリルなどで焼き、骨を取り除いて身を粗くほぐす。キャベツは芯を除いて3cm角に切る。

2. 鍋に水と酒を入れて火にかけ、沸いたらキャベツとアジの身、大きめの骨をのせ、蓋をして煮る。

3. 4分ほど煮たら蓋をあけ、弱火で1分煮る。アジの大きめの骨を取り除き、しょうゆで味を調える。

水と酒で蒸し煮して、
キャベツの甘味を引き出します。
アジの骨も入れて煮るのがコツ。

アジの緑おろし和え

きゅうりの緑が目にもさわやか！
にんにくやごま油で風味をつけ、
さっぱりと。

材料（4人分）

アジの干物 ── 2枚（120g × 2）
きゅうり ── 1本
にんにく ── 1/3片
酢 ── 大さじ2
淡口しょうゆ ── 小さじ1
太白ごま油＊ ── 小さじ1

＊ごまを焙煎せずにしぼった無色無臭のごま油。

つくり方

1. アジはグリルなどで焼き、骨を取り除いて身を粗くほぐす。

2. きゅうりはヘタを取ってすりおろし、にんにくもすりおろす。ボウルに合わせ、酢と淡口しょうゆ、ごま油を加えて混ぜ合わせる。

3. アジの身を2で和える。

アジの冷や汁

ごまとみそを昆布水で伸ばし、
アジとたっぷりの薬味を加えた
なめらかなのど越しの汁物。
食欲のわく、夏の料理です。

材料（2人分）

アジの干物……1枚（120g）
みそ（あれば麦みそ）……35g
煎りごま……25g
昆布水
｜水……250mℓ
｜昆布……3cm角1枚
きゅうり……1本
塩……小さじ1/5
みょうが……1個
長ねぎ……1/4本
しょうがのみじん切り……10g
（あれば新しょうが）
青じそ……4枚
ごはん……2杯（約260g）

つくり方

1. 水に昆布を入れて1時間ほどおき、昆布水を作る。
2. アジはグリルなどで焼き、大きな骨を除いて身をほぐす。
3. きゅうりは薄い輪切りにし、塩をふって、15分おいてから水気をしっかり絞る。みょうがと長ねぎはみじん切りにし、水に5分さらして水気をきる。
4. ごまはすり鉢で粗くすり、みそを入れて混ぜ、アジを加えてすり混ぜる（写真a）。昆布水（昆布は除く）を少しずつ加えて溶き混ぜ、3としょうがを入れて混ぜ込み（写真b）、青じそをちぎって加える。
5. ごはんを器によそい、4を適量ずつかけながらいただく（写真下）。

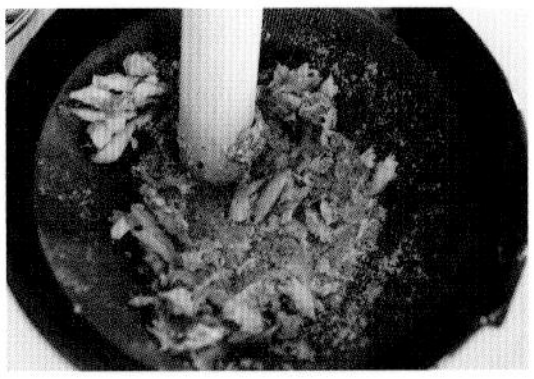

a　最初にごまとみそ、ほぐしたアジをよくすり混ぜて、味をなじませるのがコツ。みそは麦みそか甘口みそで。

b　昆布水で溶き伸ばし、とろりとなったら、きゅうりと薬味を加える。青じそは最後に入れて香りを立たせる。

温かいごはんに冷や汁をかけるのが正しい食べ方。汁を一気に入れ過ぎないように注意して。冷や汁は冷蔵庫で冷やしておくとよい。

鰯

【イワシ】

マイワシは、成長度合いで、小羽、中羽、大羽と分けられます。内臓もそのまま乾燥させた「丸干し」が多く、カタクチやウルメを数尾つないだ目刺しも好まれます。

イワシの焼きびたし

熱いうちに調味液につけ込み、
干物のうま味に
出汁や辛味をからめます。
丸ごとのおいしさを味わって！

材料（2人分）

イワシの丸干し（小羽）
—— 4尾（15g × 4）
出汁 —— 1カップ
みりん —— 25mℓ
しょうゆ —— 20mℓ
赤唐辛子 —— 1本

つくり方

1. 赤唐辛子は2～3つにちぎり、種を取る。鍋に出汁、みりん、しょうゆを合わせ、赤唐辛子を入れてひと煮立ちさせ、火からおろす。
2. イワシはグリルなどでしっかり焼く。
3. 1にイワシをつけて30分ほどおく。器に盛ってつけ汁少量を張り、赤唐辛子をのせる。

イワシのらっきょうマスタード和え

丸干しをよく焼いて骨ごと使います。
辛味と甘酸っぱさのブレンドが
香ばしいイワシと好相性。

材料（2人分）

イワシの丸干し（中羽）…… 4尾（40g × 4）
らっきょう …… 5個
粒マスタード …… 大さじ1

つくり方

1. イワシはグリルなどでよく焼き、頭を手で取って、身を3等分に切る。

2. らっきょうは薄切りにし、ボウルに入れてマスタードと合わせ、1を加えて和える。

イワシのコンフィ

ゆっくり煮るからうま味が引き出され
ハーブの風味が食欲を刺激。
いろいろな料理にアレンジ可能。

材料（4人分）

イワシの丸干し（大羽）…… 4尾（80g × 4）
オリーブ油 …… 約400mℓ
A にんにく（そのまま）…… 1片
　赤唐辛子 …… 1本
　タイム …… 1枝
　黒粒こしょう …… 20粒

つくり方

1. イワシは頭を切り落とし、3cm幅ほどの筒切りにする。

2. 鍋にイワシとAを入れてオリーブ油をひたひたに注ぎ、弱火でゆっくりと30分以上加熱し、常温まで冷ます。

＊保存するときは保存容器に入れ、油の表面が空気に触れないようにラップを密着させ、蓋をして冷蔵庫へ。食べるときはフライパンで温める。パスタに入れてもおいしい。

イワシの梅煮

イワシ料理の代表、梅煮を
身がしまった丸干しで。
塩もしょうゆも使わずに、
あっさり薄味に仕上げます。

材料（4人分）

イワシの丸干し（大羽）
……4尾（80g×4）
梅干し……2個
酒……1カップ
水……2カップ
昆布……4cm角1枚
砂糖……大さじ2
酢……大さじ1

つくり方

1. イワシは頭を切り落とし、内臓部分に切れ目を入れて腹ワタを抜き、ウロコを取って（写真a）腹の中をふく。

2. 鍋に酒と水、昆布と梅干しを入れて弱火にかけ、沸いたら昆布を取り出す。イワシと酢を入れて沸かし、中火にして3分煮る（写真b）。

3. 再び沸いたら砂糖を入れ、4分煮る。

4. 皿にイワシを盛りつけ、梅をくずしてのせる。

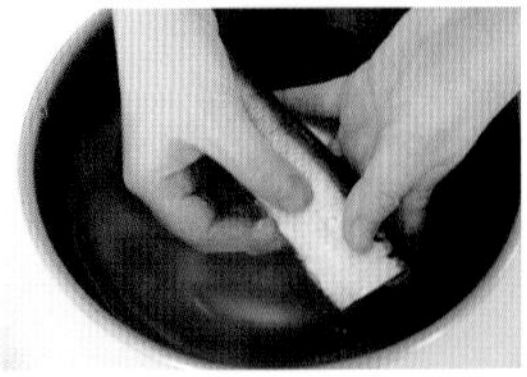

a　イワシの皮には薄いウロコがついている。これが残らないように、指先でさわりながらこそぎ落とす。

b　先に酒と水などの煮汁を沸かしてから、イワシと酢を入れて煮ると、臭みが消える。

memo

イワシ3種

イワシといえば通常はマイワシを指し、カタクチイワシ、ウルメイワシを加えて「イワシ3種」と呼ぶ。カタクチイワシは稚魚期にしらす、ちりめんに、少し成長すると煮干しとして利用。油漬けはオイルサーディン、塩漬けはアンチョビーに。ウルメイワシは刺身や酢じめにしてもおいしい。

鯖

【サバ】

片身のフィレにしたものが使いやすく、生サバと同様に調理できます。かつては、日本海側の越前海岸に揚がる新鮮なサバを干物にし、サバ街道で内陸へと運びました。

サバサンド

パンともよく合う干物。
玉ねぎの酢漬けとレモンで
さっぱりさせ、
キャベツで食感をプラス。

材料（2人分）

- サバの干物 — 半身2枚（180g × 2）
- 食パン — 6枚切り4枚
- 粒マスタード — 大さじ3
- キャベツ — 4枚
- 紫玉ねぎ — 1個
- 塩 — 小さじ1/4
- 酢 — 大さじ1/2
- ケイパー（あれば）— 10個
- レモンの薄切り — 4枚

つくり方

1. キャベツは千切りにする。紫玉ねぎは繊維に逆らって薄切りにし、塩でもんで水で洗い、水気をきって酢に10分つける。
2. サバはグリルなどで焼き、大きい骨があれば取り除き、パン全体に身がのるように大きさを調整する。
3. 食パンの具をはさむ面に粒マスタードを塗り、1枚にキャベツの1/2量、水気をふいた玉ねぎとケイパーの半量をのせ、サバ1枚分、レモン2枚をのせて、食パン1枚ではさむ。同様にもう1組作る。
4. ラップやワックスペーパーでしっかり包んで10分ほどおき、落ち着かせて半分に切る。

サバのソテー、トマトソース

こんがり焼いた皮が美味！
きのこたっぷりトマトソースで
酸味や甘味を加えます。
フライパンだけでササッと完成。

材料（2人分）

サバの干物
…… 半身2枚（180g × 2）
しめじ …… 1/2 パック
しいたけ …… 2個
トマト …… 中2個
白ワイン …… 100㎖
バジルの葉 …… 2枚
白こしょう …… 適量
しょうゆ …… 小さじ1
オリーブ油 …… 大さじ2

つくり方

1. しめじは小房に分け、しいたけは厚めにスライスする。トマトは熱湯にくぐらせて湯むきし、1cm 角に切る。
2. サバは半分に切る。フライパンにオリーブ油を熱し、サバを皮目から弱火でじっくりと焼いて裏返し、中火で1分ほど焼き、取り出す。
3. 2のフライパンをざっとふき、しめじとしいたけを強火で炒める。トマトを入れて混ぜ、白ワインを加えて水分が飛ぶまで炒め煮する。
4. バジルをちぎって加え、こしょうとしょうゆで味を調える。これをサバにかける。

揚げサバの黒酢あんかけ

水分の少ない干物なら
早く揚がって食感もよし。
根菜のサクサク感とともに
コクのある甘酢でどうぞ。

材料（2人分）

サバの干物
　── 半身2枚（180g × 2）
片栗粉 ── 大さじ2
れんこん ── 小1節（120g）
長いも ── 12cm（180g）
A｜黒酢 ── 大さじ3
　｜砂糖 ── 大さじ3
　｜しょうゆ ── 大さじ1弱
　｜水 ── 大さじ2
水溶き片栗粉 ── 大さじ1
（片栗粉を同量の水で溶く）
揚げ油 ── 適量

つくり方

1. サバは1枚を5つに切り、片栗粉をつける(写真a)。れんこんは乱切りにし、長いもは1cm角×4cm長さの拍子木に切る。

2. 鍋に油を入れて160度に熱し、れんこんと長いもを揚げる。油の温度を170度に上げ、サバを揚げる。どれも油をきっておく。

3. フライパンにAを入れて沸かし、水溶き片栗粉を回し入れてとろみをつけ、2を入れてひと混ぜする。

a

サバに片栗粉をまぶすことで揚げるときに油がはねない。とろみをつけるときにも、表面がとろりとなる。

サバのみそ煮

水につけて表面の脂と塩気を抜いてから調理。弱火で煮て、ふわっと仕上げ、みそをからめていただきます。

材料（2人分）

サバの干物 ── 半身1枚（180g）

A
- 水 ── 250mℓ
- 酒 ── 50mℓ
- 昆布 ── 5×4cm
- しょうがの薄切り ── 2枚

みそ ── 大さじ1と1/2

砂糖 ── 大さじ1と1/2

つくり方

1. ボウルに水適量を入れ、サバを30分ほどつけて、余分な脂を落とす。途中で水を2～3回替えるとよい。
2. 鍋にAを合わせて沸かす。1のサバの水気をふき、2つに切って鍋に入れ、中火で煮る。
3. 2が沸いたらアクをすくい、弱火にする。砂糖を加えて3分、みそを加えて2分煮たら火を止める。

memo

サバの文化干し

2枚におろしたサバを乾燥砂に埋めて乾燥させ、セロハンに包んだまま出荷したのが、文化干しの始まり。最近は、塩をしたサバを吸湿剤で乾かし、セロハンに包んで販売。天日干しより衛生的というので、文化干しと名づけられた。国産のマサバ、ゴマサバのほか、輸入物のサバも使われる。

秋刀魚【サンマ】

頭を片身につけて背開きにしたものが多く、丸干しもあります。以前は、房州（千葉県）でとれる、脂ののったサンマを一塩して東京の市場に送り、そこで干物加工が行われました。

サンマとフェンネルのパスタ

にんにく風味のオイルで炒め、サンマに辛味や甘味をプラス。ハーブのすっきりした香りでおいしくまとめます。

材料（2人分）

サンマの干物 ── 1枚（150g）
オリーブ油 ── 大さじ3
にんにく（そのまま）── 1片
赤唐辛子（種を取る）── 1本
松の実 ── 15g
レーズン ── 15g
フェンネル ── 1束（20g）
ショートパスタ（フィジリ）
── 100g

つくり方

1. フライパンにオリーブ油とにんにくを入れ、サンマの皮目を下にして入れ、弱火で皮がカリカリになるまで焼く。

2. サンマを裏返し、赤唐辛子を入れて1分ほど焼く。サンマの頭と大きな骨を取って、身を粗くほぐす。松の実、レーズンを入れ、フェンネルの茎をちぎって加え、炒め合わせる。

3. 熱湯に塩大さじ2を加え、パスタを表示時間より1分短くゆでて湯をきる。

4. 2のフライパンの粗熱を取り、はずした大きな骨と水50mℓ、パスタを加えて火にかけ、フライパンをゆすりながら1分ほど炒め、大きな骨を取り除き、フェンネルの葉を加えてざっと混ぜる。

サンマのパン粉焼き

ねぎとセロリをたっぷり敷いて
香ばしく焼いたサンマと一緒に。
にんにくマスタードで風味上々です。

材料（2人分）

サンマの干物 —— 2尾（150g × 2）
にんにくのすりおろし —— 1片分
粒マスタード —— 大さじ1
パン粉 —— 大さじ2
オリーブ油 —— 大さじ1
長ねぎ —— 1本
セロリの茎 —— 1本分

つくり方

1. サンマは頭を切り落とし、半分に切る。にんにくと粒マスタードを混ぜてサンマの両面に塗り、パン粉をつける。
2. 長ねぎとセロリは4cm 長さの細切りにする。
3. 耐熱皿に2を敷き詰め、サンマをのせてオリーブ油をふりかける。200度に予熱したオーブンで15分焼く。

サンマのかば焼き丼

じっくり焼いて、たれをとろ～りと
からめます。山椒をふって香りよく、
ごはんと一緒にどうぞ。

材料（2人分）

サンマの干物
—— 2枚（150g × 2）
小麦粉 —— 大さじ2
A | しょうゆ —— 大さじ1
　| 砂糖 —— 大さじ1
　| 水・酒 —— 各大さじ1
太白ごま油 —— 大さじ1
ごはん —— 2杯分
粉山椒 —— 適量

つくり方

1. サンマは長さを半分に切って両面に小麦粉をつける。Aは混ぜておく。
2. フライパンにごま油を熱し、サンマの身側を下にして弱火で焼き、中骨をパリパリにする。焼き色がついたら裏返し、皮目をパリッと焼いて取り出す。
3. 2のフライパンの油をふき取り、Aを入れて中火にかける。サンマを戻し入れ、焦げないように火加減をしながら調味料をからめる。
4. ごはんを器によそい、サンマをのせて、好みで粉山椒をふる。

サンマのすだちめし

すだちと一緒にごはんを蒸らし、
さわやかな香りを漂わせます。
サンマは最後に頭と骨をはずし、
ごはんによーく混ぜ込んで。

材料（4人分）

サンマの干物 ── 1枚（150g）
米 ── 3合
出汁 ── 570mℓ
酒 ── 大さじ2
しょうゆ ── 小さじ2
すだち ── 2個

つくり方

1. 米は研いでざるに30分上げておく。すだちは薄い輪切りにする。

2. サンマはグリルなどで表面に焼き色がつくまで焼く。

3. 土鍋または鍋に米、出汁、酒、しょうゆを入れて混ぜ、焼いたサンマをのせる（写真a）。ふたをして強火にかけ、沸騰したら中火で13分炊く。

4. すだちの薄切り1個分をのせて蓋をし、10分蒸らす。その後、すだちを取り出す。

5. 食べる直前にサンマの頭と中骨をていねいにはずし（写真b・c）、ごはんを切るようにして混ぜる。残りのすだちの薄切りをごはんにのせ、すだちとともに器によそう。

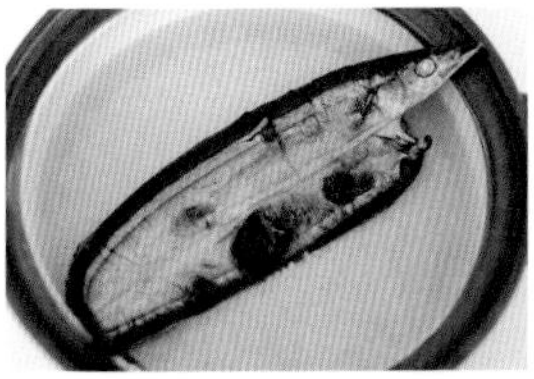

a　米は味をつけた出汁で炊く。火にかける前に焼いたサンマをのせ、一緒に炊き込んで全体にうま味を回す。

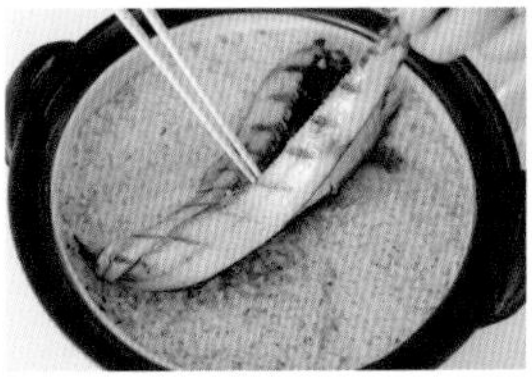

b　ごはんにすだちを入れて蒸らしたら、すだちを除き、サンマの頭と中骨をはずす。細い腹骨はつけたままでも。

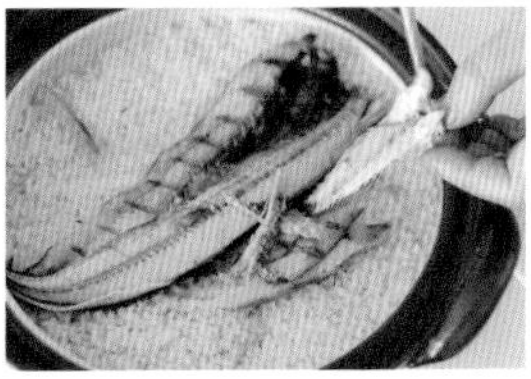

c　中骨にくっついている身もていねいにはずす。しゃもじでごはんとサンマを一緒に切り混ぜる。

memo

「目黒のさんま」

房州沖でとれるサンマは、10月下旬からがちょうど脂ののり頃。落語の「目黒のさんま」は、殿様が目黒で食べたサンマを屋敷で所望したところ、体を気遣い、脂を抜いて差し上げたため、「さんまは目黒に限る」といわれた話。房州サンマが江戸の秋を賑わせていた一端がうかがえる。

鰊

【ニシン】

ニシンは2つ割りにして乾燥したものと、丸干しがあります。2つ割りには本干と、塩をしたソフト（生干し）があり、ソフトは戻さずに使えて人気です。

ニシンとなすの炊き合わせ

ニシンのアクは番茶で洗い流し、酒と水で下煮します。煮汁をたっぷり含んだなすも絶品！

材料（4人分）

ソフト身欠きニシン（半身）
— 2枚（90g × 2）
なす — 3個
番茶 — 3カップ
酒 — 50mℓ
水 — 400mℓ
A | 砂糖 — 大さじ2
　| みりん — 大さじ2
　| しょうゆ — 大さじ2

つくり方

1. 番茶を沸かしてボウルに入れ、身欠きニシンを5秒つけ、さっと水で洗い流す。ニシンの水気をふき、エラと尾先を切り落とし、3cm幅に切る。
2. 鍋に酒と水を入れて沸かし、ニシンを入れる。再び沸いたらアクをすくい、弱火で5分ほど煮る。Aを加え、15分煮て火を止め、そのままおいておく。
3. なすはヘタを落として縦半分に切り、皮に細かく斜めの切り目を入れ、水にさらす。
4. 2の鍋になすの皮目を下にして入れ、ニシンをのせて紙蓋をし、弱火で15分煮る。

ニシンのコチュジャン煮込み

脂っぽさを辛味でカバー。
じっくり煮込んで、
シャキシャキの野菜と合わせます。

材料（2人分）

ニシンの丸干し（半干し）―― 1尾（180g）
もやし ―― 100g
にら ―― 1/2束
にんにくのすりおろし ―― 1/2片分
ごま油 ―― 小さじ1
酒・水 ―― 各2/3カップ
A｜コチュジャン・酒 ―― 各大さじ1
｜しょうゆ・すりごま ―― 各大さじ1/2

つくり方

1. ニシンは洗って、エラと尾先を切り落として半分に切る。もやしはひげ根を取り、にらは4cm長さに切る。
2. 鍋に油を熱して、もやしとにらを軽く炒め、取り出す。にんにくを入れてさっと炒め、水と酒、ニシンを入れて沸かし、アクを取りながら10分煮る。
3. Aを加え、中火で15分煮る。もやしとにらを戻してさっと煮る。

ニシンの酢漬け

米のとぎ汁でアクを抜き、生で使用。
たっぷりの山椒と酢などで漬け込む
香り高い会津地方の郷土料理です。

材料（作りやすい分量）

ソフト身欠きニシン（半身）―― 5枚（90g × 5）
しょうゆ ―― 10mℓ
酢 ―― 100mℓ
砂糖 ―― 大さじ4
山椒の葉 ―― 1カップ程度

つくり方

1. 身欠きニシンは米のとぎ汁適量に3時間ほどつける。エラと尾先を切って水でよく洗い、3cm幅のそぎ切りにし、水気をふく。ウロコが残っていたら、包丁の背でこそぎ取る。
2. しょうゆと砂糖を鍋に入れて沸かし、酢を加えて粗熱を取る。
3. 保存容器に山椒の葉とニシンを交互に重ねて、2をかける。重石をして冷蔵庫に1日程度入れておく。

＊3日後から食べられるが、10日くらいたったほうがおいしくなる。

ニシンの甘露煮そば

身欠きニシンを使って甘露煮に。
番茶で下煮し、甘めの煮汁で
気長に煮詰めてつやを出します。
京都発祥の、そば屋の定番。

材料（2人分）

ソフト身欠きニシン（半身）…… 2枚（90g × 2）
番茶 …… 2カップ
A｜砂糖（あれば、ざらめ）…… 大さじ3
｜酒 …… 50mℓ
｜たまりじょうゆ …… 大さじ2
｜しょうゆ …… 大さじ3
そば（乾麺）…… 1束（200g）
青ねぎの斜め薄切り …… 1本分
麺つゆ
｜出汁 …… 600mℓ
｜かえし＊ …… 60mℓ

＊かえしの材料と作り方（作りやすい分量）

鍋に煮切りみりん大さじ2、砂糖（あれば、ざらめ）大さじ2、しょうゆ180mℓを入れて火にかけ、表面に細かい泡が立ってきたらアクをすくって火を止め、冷ます。1週間くらい寝かせるとおいしくなる。

つくり方

1. 身欠きニシンは水でよく洗い、エラと尾先を切り落とす（写真a）。鍋に番茶を沸かし、ニシンを入れて1時間ほど煮る（写真b）。

2. 煮汁を全部捨てて、鍋とニシンを洗う。鍋にAを入れて沸かし、ニシンを入れて落とし蓋をし、弱火で30分煮る（写真c）。途中で煮汁がなくなってきたら酒適量（分量外）を加え、色つやがよくなったら甘露煮のできあがり。

3. そばを表示時間通りにゆでて、水に取り、ざるに上げて流水でよく洗い、ぬめりを取って熱湯をかける。

4. 器にそばを入れて、出汁とかえしを合わせて温めた麺つゆをかけ、ニシンの甘露煮をのせて青ねぎを添える。

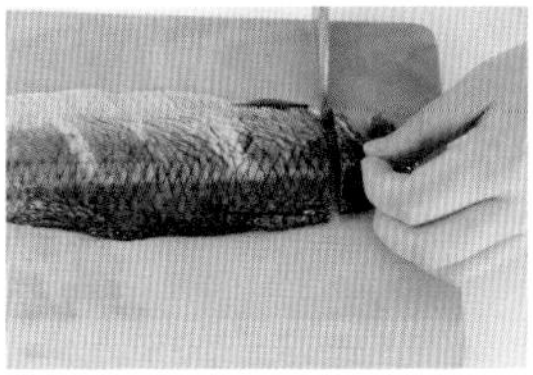

a　身欠きニシンはかたいところが口に残らないように、エラや胸びれ、尾先を切り落としておく。

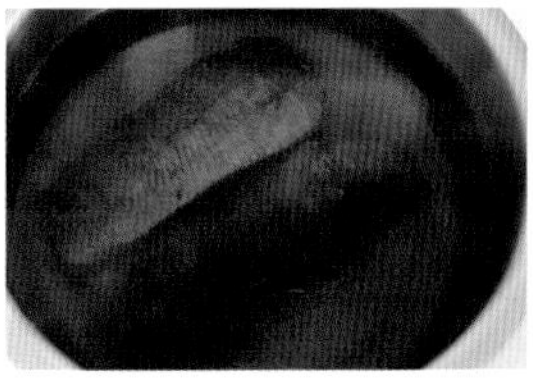

b　番茶で1時間、ゆっくり煮てアクを抜く。甘露煮の場合は、調味料で煮るときにアクが混ざりやすいので、しっかり抜いておく。

c　アクが抜けたら調味液を沸かしてニシンを入れ、落とし蓋をして弱火で表面がつやつやになるまで煮る。

memo

春を告げたニシン

かつてニシンの群れは、3月中・下旬に北海道の日本海側から北上し、沿岸に沿って礼文・利尻島を抜けて樺太に去っていた。春の訪れとともに来遊するため、「春告魚」と書いた文献もある。大漁の年は海面が白く波立ち、各浜では漁と加工に追われたという。今はオホーツク海側のニシンが主流である。

先史時代から今に続く 干物の歴史

縄文時代にあった干物 平安時代には租税にも

干物作りの始まりは、大量にとれた魚を保存するために、「天日に干す」という方法を発見したことからだと思われます。日本では、早くも縄文時代から干物作りが行われていた痕跡が残っています。

宮城県の松島湾に面した宮戸島にある里浜貝塚では、6000年前のヒガンフグの頭の骨が大量に発見されました。この地域では今もヒガンフグの頭を取って毒を除き、あぶって陰干しにするそうです。フグの頭の骨が大量に残っているのは、縄文時代にも同じ方法で干物にしていたからではないか、と考えられます。

海外に目を転じると、古代エジプトの壁画には、日本の縄文時代後期、紀元前2500年頃の干物作りの様子が描かれています。この辺りでは同じ頃に塩作りが始まり、「魚に塩をふって干すとうまみが増す」ことがわかったのでしょう。

日本では奈良時代以降、文献の中に干物に関する一節が見られます。『正倉院文書』(727年)には、小魚の丸干しや、内臓を取り除いて干した魚、魚肉を細長く割いて塩干しした魚、つまり干物について記されています。また、干物は貢租(年貢)や支配者への献上物として納められていたことを示す資料も残っています。

干物が本格的に租税の一つとして使われるようになったのは平安時代。生の魚介類より、干物や塩蔵品、発酵品が重宝されました。平安中期に編纂された『延喜式』(927年)には、サケの加工品が越中国(現在の富山県)の男性に租税として割り当てられたという記述があります。

また干物は、祭りや祈祷の際に神前に奉る「新撰」としての価値がありました。『延喜式』には、鮑、鮭、烏賊(するめ)が諸国より献上されたとあります。

干物は古代エジプトでも作られていた！

BC2500年のエジプトの墓の壁画には、魚を背開きにして塩をふり、干物を作っている絵が描かれている。海や河の近くで文明が発達した地域では、世界中いたるところで干物作りが行われていたと思われる。

Rudolf Kreuzer : Fisheriy Products.FAO Fishing News 1974 より

BC1500年代に描かれたエジプト・ルクソールにあるナクトの墓の壁画。下段が干物作りの様子。上段はワイン造りの様子を描いている。

写真／ Tore kjeilen(lookex.com)

資料提供／鈴木たね子・大野智子 著『猫も知りたい 干物の世界』(北斗書房)

武士の世には庶民に浸透味を追求した江戸時代

鎌倉・室町時代になり、武士が台頭してくると、商品流通の発達に伴い、庶民の暮らしぶりも変わってきました。生活上の一般常識を取り上げた初等教科書『庭訓往来』の中には、熨斗鮑、海月（クラゲ）、干鰹、干蛸などの記載が見られることから、干物は武士や庶民の間に浸透していたことがわかります。

鮑の貝柱を細長くむき、干して伸ばし広げる「熨斗鮑」は、以前から縁起物として扱われていましたが、武家社会においては「武運長久」に通じるとされ、陣中見舞いなどに用いられました。

庶民の生活が豊かになる江戸時代には、干物の製法も大きく発展しました。乾燥具合によって食感や風味が違うこと、塩をしたり、煮て干すことによって、生の魚介にはないうま味が生じることがわかり、乾燥度合を調整したり、調味乾燥や凍結乾燥なども行われました。

この時代にはまた、料理本が多く刊行され、今に通じる魚介干物やかつお節などの乾物の利用が広まる一方、干物は庶民の朝食として定着しました。

まだ冷蔵庫のない明治期における干物は、江戸時代からの作り方が引き継がれ、味にもあまり変化が見られません。しかし、時代の移り変わりとともに冷凍技術が向上し、インフラの整備が行われた今、天日干しから機械による乾燥に替わるなど、干物の製法も変わってきました。

さらに、消費者の嗜好に合った干物作りが追及され、「高品質でおいしい」という、新しい価値を生み出しています。

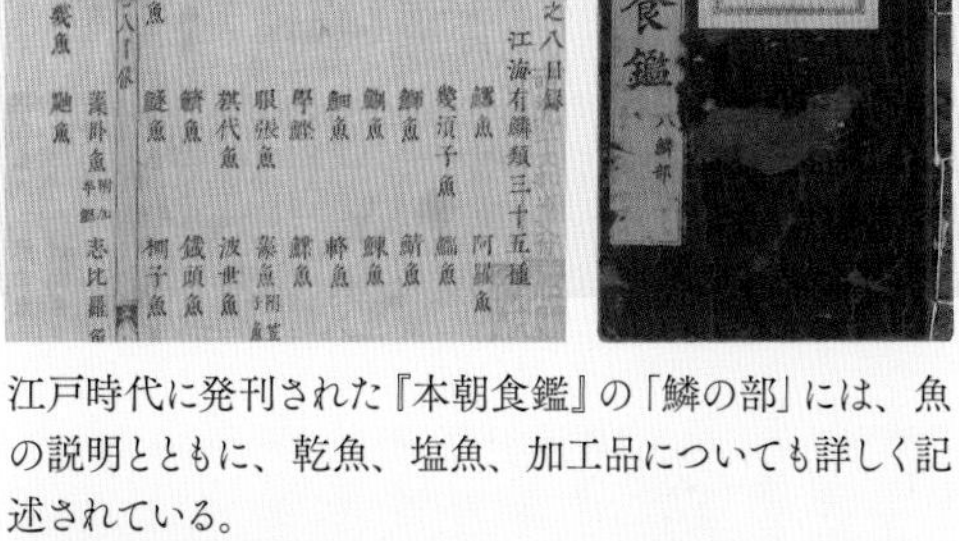

江戸時代に発刊された『本朝食鑑』の「鱗の部」には、魚の説明とともに、乾魚、塩魚、加工品についても詳しく記述されている。

「木曾街道続ノ壹　日本橋雪之曙（溪斎英泉画）」
日本橋近くには魚河岸（魚市場）があり、江戸の魚商売の中心地として賑わった。鮪を担ぐ人や、貝や伊勢海老も見える。この近くで干物も作られた。

「伊勢の海士長鮑制の図（三代目歌川豊国画）」
江戸時代の伊勢志摩で、海女たちが鮑の身を殻から取り出し、細長くむいて干し、押し伸ばして「熨斗」を作る様子が描かれている。

＊このページの写真はすべて国立国会図書館所蔵。

参考文献／滝口明秀・川﨑賢一 編『干物の機能と科学』（朝倉書店）

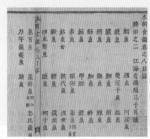

chapter 2

二章

うま味しっかり

白身魚の干物

白身魚のやわらかさを生かして

白身魚はその名の通り、身が白い魚。淡白な味ですが、身がやわらかく、上品なうま味があります。ふだんは岩礁や海底に潜んでいて、餌になる小魚などを見つけると、素早く動いて捕まえます。この瞬発力を司る筋肉の繊維を白筋繊維といい、これが多い魚です。

魚の種類としては、タイ、アマダイ、キンメダイ、タラ、カマス、ホッケ、アナゴ、スズキ、キス、ヒラメ、カレイなど。サケやマスはオレンジ色をしていますが、これも白身魚に分類されます。ここでは、干物としてよく目にする白身魚を取り上げました。

白身魚はコラーゲンを多く含むため、やわらかな口当たり。アマダイやキンメダイは煮つけにすると、火の通りが早く、しっとりとおいしくできます。焼く場合は、ほぐして野菜と和え物にすると白身魚のうま味が生かせます。ホッケのように皮がかたい魚はソテーしてもよく、蒸す料理やスープなど、水分の多い料理にも向いています。揚げ物にするときは、衣をまんべんなくつけて、高温でさっと揚げるのがコツ。

白身のやわらかい食感を生かした調理法で、おいしくいただきましょう！

魳

【カマス】

関東では、頭をつけてあごの付け根から包丁を入れて背開きに。関西では、小型のカマスは丸干しにされます。骨がかたく、身はしまっていて、焼くと独特のおいしさ。

カマスと春菊、柑橘のサラダ

ほのかな苦み、甘夏の酸味に
白身魚のうま味をミックス。
きのこの食感も加わって
シンプルなのに奥深い味わい。

材料（2人分）

カマスの干物 —— 1枚（100g）
春菊 —— 1束
甘夏 —— 1個
まいたけ —— 1パック
しょうゆ —— 大さじ1
砂糖 —— 小さじ 1/2
ごま油 —— 大さじ1

つくり方

1. カマスはグリルなどで焼いて、頭と大きな骨を取り、ざっくりとほぐす。まいたけは小房に分けてカマスと一緒に焼く。
2. 春菊は軸から葉をはずし、5cm長さにちぎる。甘夏は皮と袋をむく。
3. しょうゆに砂糖をよく混ぜ、ごま油を混ぜ合わせる。
4. ボウルに1と2を合わせて、3をかけてひと混ぜする。

カマスの天ぷら

干物なら天ぷらも短時間で
カラッと揚がります。
衣に炭酸水を加えるのがコツ。
歯ごたえのよいごぼうと一緒に。

材料（2人分）

カマスの干物 ── 1枚（100g）
カレー粉 ── 小さじ1
ごぼう ── 1本
A｜薄力粉 ── 70g
　｜片栗粉 ── 30g
　｜炭酸水 ── 100mℓ
打ち粉用の薄力粉 ── 適量
揚げ油 ── 適量
カレー塩 ── 小さじ1
（同量のカレー粉と塩を合わせる）

つくり方

1. カマスは頭を切り落とし、半分に切って、それぞれを3等分する。カマスの身側にカレー粉をふる。

2. ごぼうは表面をタワシでこすり洗いし、細ければそのまま、太ければ縦半分に切って、4cm長さに切る。

3. Aの薄力粉と片栗粉を合わせ、炭酸水を入れて泡立て器で混ぜる。

4. カマスに打ち粉をはたき、3にくぐらせて170度の揚げ油で4分ほど揚げる。火を強めて10秒で取り出し、油をきる。同様にごぼうを揚げて油をきり、全体にカレー塩をふる。

焼きカマスの棒寿司

赤梅酢を寿司酢代わりにし、
香味野菜でさわやかな酢めしに。
カマスにのせて形を整え、
焼き皮の香ばしさを楽しみます。

材料（2人分）

カマスの干物 …… 1枚（100g）
ごはん …… 2杯分（約270g）
しょうが …… 10g
みょうが …… 1個
赤梅酢 …… 大さじ1と1/2
砂糖 …… 大さじ1/2

a
いったんラップで包んだら、巻きすでもう一度巻き、形を整える。しばらくおき、カマスを酢めしになじませる。

つくり方

1. 赤梅酢に砂糖を混ぜておく。
2. しょうがは薄切りにし、みょうがは縦半分に切って熱湯でさっとゆで、1につける。15分おいてからみじん切りにし、赤梅酢とともにごはんに混ぜて、酢めしを作る。
3. カマスはグリルなどで色よく焼いて、頭と尾、中骨を取り除き、粗熱を取る。
4. 巻きすの上にラップを敷き、カマスを皮目が下になるようにおき、酢めしをのせて広げる。巻きすごと巻き、ラップで包んでから再度、巻きすを巻き直して形を整え（写真a）、15分ほどおく。6等分に切って器に盛る。

𩸽【ホッケ】

開き干しと丸干しがあり、北海道産の脂肪の多いマホッケか、輸入物のシマホッケで作られます。かたい皮に守られた身は骨離れがよく、ホクっとしたまろやかな味。

ホッケチリ

揚げることで皮を食べやすく、身はふっくらやわらかく。中華風味のピリ辛を甘酢がやわらげます。

材料（2人分）

ホッケの干物 ── 1枚（240g）
酒 ── 大さじ2
片栗粉 ── 大さじ1
卵白 ── 1個分
太白ごま油 ── 1カップ程度
トマト ── 中1個
長ねぎ ── 1/4 本

A
- 太白ごま油 ── 大さじ1
- にんにくのみじん切り ── 1/2 片分
- しょうがのみじん切り ── 5g
- 赤唐辛子 ── 1本

酒・水 ── 各 50㎖

B
- 水 ── 大さじ1
- 砂糖・しょうゆ・酢 ── 各小さじ1
- 梅干しの果肉 ── 1個分
- 片栗粉 ── 小さじ1

つくり方

1. トマトは1cm 角に切り、長ねぎはみじん切りにする。B の材料を混ぜておく。
2. ホッケは3cm 角に切り、酒、片栗粉、溶いた卵白を順に混ぜ込む。中華鍋にごま油を熱し、ホッケを1切れずつ入れてさっと火を通す。
3. 2の鍋の油を捨ててAを入れ、香りを立たせる。トマトを加えて中火にし、くずすようにして炒め、酒と水を加えて煮込む。ホッケを戻して軽く煮て、Bと長ねぎを加えて全体を混ぜ合わせる。

ホッケのムニエル

先に身側を焼き、
皮にバターをかけながら
香ばしく焼きあげます。
コクと風味が極上！

材料（2人分）

ホッケの干物 ── 1枚（240g）
白こしょう ── 小さじ1/2
薄力粉 ── 大さじ2
太白ごま油 ── 大さじ1
バター ── 大さじ1
しょうゆ ── 小さじ1/2
アスパラガス ── 2本
じゃがいも ── 2個

つくり方

1. 鍋にじゃがいも（皮つきのまま）、水、塩大さじ1を入れて、やわらかくゆでる。ざるに上げ、皮をむいて一口大に割る。アスパラガスは根元の皮をむき、ガクを取る。じゃがいもをゆでた湯で1分ほどゆで、3等分に切る。

2. ホッケの両面にこしょうをふり、薄力粉を薄くつける。鍋にごま油を入れて熱し、ホッケの身を下にして入れ、バターを入れてゆすりながら、バターが泡立つくらいの火加減で焼く。

3. バターの細かい泡をスプーンですくい、魚にかけながら約5分火を通す（写真a）。最後に皮目を下にして強火にし、バターの香りを立たせて、しょうゆで風味をつける。器に盛り、1を添える。

a

香りのない太白ごま油とバターでホッケをソテー。バターを皮にかけながら火を通し、風味よく仕上げる。

ホッケと根菜のグリル

ホッケには酒をふっておき、
根菜は塩とオリーブ油をふり、
一緒に焼くだけの手間いらず。
見栄えのよいごちそうです。

材料（2人分）

ホッケの干物 ―― 1枚（240g）
酒 ―― 大さじ1
A | かぼちゃ ―― 70g
　| れんこん ―― 70g
　| ごぼう ―― 70g
　| かぶ ―― 2個
塩 ―― 小さじ1
オリーブ油 ―― 大さじ2

つくり方

1. ホッケは4つに切って酒をふり、15分ほどおく。Aの野菜はそれぞれ一口大に切る。
2. オーブンを180度に予熱しておき、天板にオーブンシートを敷いて、オリーブ油大さじ1をふる。
3. ボウルに野菜を入れて塩をふり、残りのオリーブ油をかけて混ぜる。
4. ホッケの水気をふいて天板にのせ、周りに3の野菜をのせる。180度のオーブンでこんがりと焼き目がつくまで焼く。

甘鯛

【アマダイ】

関西ではグジと呼ばれる高級魚。甘味があるところからこの名がついていますが、鯛の仲間ではありません。干物は背開きで、頭を割った形。生と同じく煮物、蒸し物に向きます。

アマダイのアクアパッツァ

身がやわらかいアマダイは洋風煮込みもおいしい！トマトで甘味をつけ、スープを煮詰めて濃い味に。

材料（2人分）

アマダイの干物 —— 1枚（200g）
アサリ —— 10個（200g）
ミニトマト —— 10個
イタリアンパセリ —— 3枚
白ワイン —— 50mℓ
水 —— 120mℓ
オリーブ油 —— 40mℓ

つくり方

1. アサリは塩水に1時間つけて塩抜きし、よく洗って、ざるに上げる。ミニトマトは横半分に切り、イタリアンパセリは大きめに刻む。
2. フライパンにオリーブ油半量を熱し、アマダイを皮目から焼き、裏返す。両面とも表面だけを手早く焼いたら、フライパンの余分な油をきれいにふく。
3. 2にアサリと白ワインを入れて沸かし、水とミニトマトも入れて強火で煮る。沸騰したら残りのオリーブ油を入れて強火で沸かし、煮汁をスプーンでアマダイにかけながら火を通す。仕上げにイタリアンパセリをふる。

アマダイの清《チン》蒸《ジョン》

香りのよい中華の蒸し料理。
おなかにも香味野菜をはさみ、
ピリ辛風味に蒸しあげます。
最後に熱いごま油をかけて！

材料（2人分）

アマダイの干物 …… 1枚（200g）
しょうが …… 15g
長ねぎ …… 2本
しょうがの薄切り …… 2枚
酒（あれば紹興酒）…… 大さじ3
A | しょうゆ …… 大さじ1/2
　| 砂糖 …… 小さじ1
　| ナンプラー …… 小さじ1/2
ごま油 …… 大さじ1

つくり方

1. しょうが15gと長ねぎはせん切りにし、長ねぎの青い部分は取っておく。蒸し器は温めておく。
2. アマダイの腹にしょうがの薄切りと長ねぎの青い部分を入れて（写真a）、元の魚の形にたたみ、蒸し器に入るバットなどにのせて、酒をふる。
3. 2にAを混ぜてかける。せん切りしょうがと長ねぎをアマダイにのせ（写真b）、蒸気を上げた蒸し器で10分蒸す。
4. 小鍋にごま油を熱し、細く煙が出たら火を止め、3にジュッと回しかける。

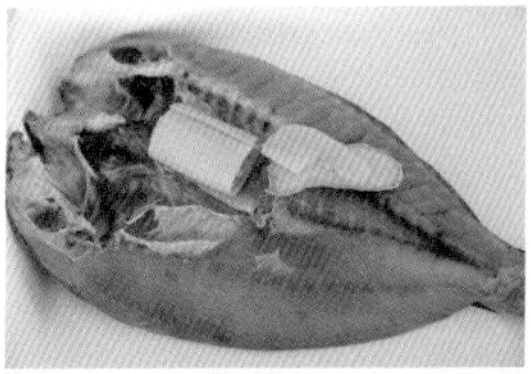

a　腹の部分にしょうがと長ねぎを入れて、身の中にも香りづけを。蒸すときは、開きを閉じて魚の形にする。

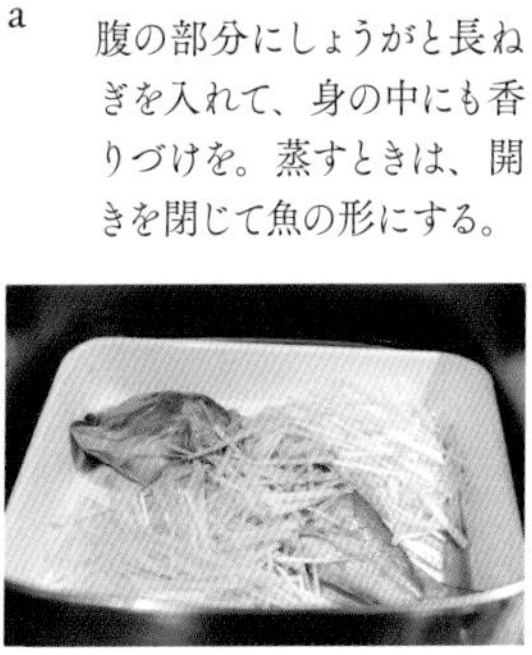

b　ナンプラーなどの調味料や香味野菜を魚にのせて蒸すことで、香りが全体に回り、魚に風味がつく。

アマダイのかぶら蒸し

かぶのすりおろしと卵白、
白身魚で作る和食の定番蒸し物。
熱いうちに薄味のあんをかけ、
なめらかな口当たりに。

材料（2人分）

アマダイの干物 …… 1枚（200g）
酒 …… 大さじ1
かぶ …… 4個（360g）
大和いものすりおろし …… 25g
卵白 …… 1/4 個
銀あん
　出汁 …… 1カップ
　塩 …… 小さじ1
　淡口しょうゆ …… 小さじ 1/2
　水溶き片栗粉 …… 大さじ1
　（片栗粉を同量の水で溶く）
おろしわさび …… 適量

つくり方

1. アマダイは頭を切り落として4等分に切り、酒をふっておく。
2. かぶは皮を厚めにむいて、細かい目のおろし金ですりおろす。軽く水気をきり、大和いもと塩少々（分量外）を混ぜる。卵白をよく溶いて泡立て、かぶ、大和いもと混ぜ合わせる。
3. 器に2を入れてアマダイ2切れずつのせ、蒸気を上げた蒸し器で6分蒸す。
4. 銀あんを作る。鍋に出汁、塩、淡口しょうゆを入れて沸かし、水溶き片栗粉を回し入れてとろみをつける。3に銀あんをかけ、わさびを天盛りにする。

アマダイと菊花の混ぜごはん

アマダイのやさしい甘味を菊の香りが引き立てます。ごはんは少々味をつけて炊き、具を混ぜるだけで完成。

材料（4人分）

アマダイの干物……1枚（200g）
米……3合
食用菊……1パック
出汁……550mℓ
酒……50mℓ
塩……小さじ1

つくり方

1. 米は洗ってざるに上げ、30分おく。アマダイはグリルなどで焼き、身をほぐす。
2. 食用菊は花びらを摘み取り、酢少々を入れた熱湯でゆで、氷水に取ってかたく絞る。
3. 鍋に米と出汁、酒、塩を入れて火にかけ、沸騰後、中火で13分炊く。火を止め、1と2を入れて10分蒸らす。

memo

赤い魚は高級品

赤い色をした魚は高級魚に多い。アマダイもその一つだが、アマダイやアコウダイはタイの仲間ではない。「赤魚」という名で売られているのは、カサゴ類のメヌケ、アコウダイなど。アカムツ（日本海側ではノドグロ）もアカウオと呼ぶことがある。いずれも煮つけにすると極上の味とされ、干物や粕漬けなどにも加工されている。

金目鯛【キンメダイ】

大きな目が金色に輝いて見える魚です。赤味がかった白身で、甘味があり、煮つけ魚として定評があり、干物でもおなじみ。小ぶりのものは使いやすく、蒸し物にも好適です。

キンメダイのトマトスープ

頭と尾も出汁に使い、スープに深みを出します。キンメのコクと酸味がベストマッチ！

材料（2人分）

キンメダイの干物
　— 1枚（270g）
トマト — 大2個（200g）
玉ねぎ — 1/4 個
なす — 2本
昆布 — 4cm 角1枚
出汁 — 1カップ
淡口しょうゆ — 小さじ 1/4
塩 — ひとつまみ

つくり方

1. キンメダイは頭と尾を切り落とし、半分に切る。トマトはヘタを取り、熱湯にくぐらせて湯むきする。玉ねぎは薄切りにし、なすは皮をむいて縦半分に切り、薄い塩水につける。
2. バットに昆布と玉ねぎ、キンメダイ（頭と尾を含む）となすを入れ、蒸気を上げた蒸し器で 12 分蒸す。キンメダイの頭と尾を除き、身となすは取り出す。
3. 鍋に2の蒸し汁と玉ねぎ、出汁、トマトを入れ、半量まで煮詰める。火を止め、粗熱が取れたらミキサーにかけ、塩と淡口しょうゆを加える。
4. なすとキンメダイを器に盛り、3のスープを注ぐ。

キンメダイの煮つけ

脂分と甘味のあるキンメは
煮つけにすると最上の味！
水で塩抜きをしてから
薄味で煮るのが秘訣です。

材料（2人分）

キンメダイの干物 …… 1枚（270g）
春菊 …… 1束
長ねぎ …… 1本
しょうが …… 1/3 かけ（10g）
酒 …… 100㎖
水 …… 300㎖
昆布 …… 4cm 角1枚
砂糖 …… 大さじ1
しょうゆ …… 小さじ2

つくり方

1. キンメダイは水（分量外）に 30 分ほどつけ、途中で水を替えて塩気を抜く（写真 a）。水気をふいて半分に切り、半身を2つに切る。
2. 長ねぎは4cm 長さに切り、表面に細かく斜めに切り込みを入れる。しょうがは薄切りにする。春菊は熱湯でさっとゆでて水に取り、水気を絞って4cm 長さに切る。
3. 鍋に酒、水、昆布、長ねぎ、しょうがを入れて中火にかけ、沸いたらキンメダイを入れる。再び沸いたら砂糖を加えて2分、しょうゆを加えて2分煮る。
4. 火を止めてキンメダイを器に盛り、長ねぎと春菊を添える。

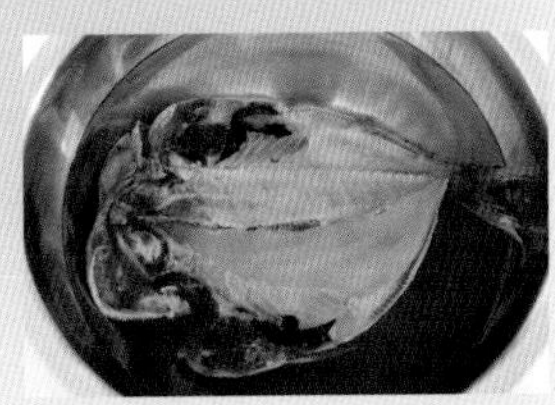

a

煮汁にしょうゆが入るので、干物は水につけて、その分の塩気を抜く。つける時間は 30 分ほどでOK。

キンメダイと白菜、せりの鍋

材料（2人分）

キンメダイの干物 …… 1枚（270g）
白菜 …… 1/4個
長ねぎ …… 1本
せり …… 1束
揚げ油 …… 適量
昆布 …… 5cm角1枚
水 …… 4カップ
魚醤（しょっつるなど）…… 50mℓ
酒 …… 1カップ
砂糖 …… 大さじ1と1/2

つくり方

1. キンメダイは酒適量（分量外）をかけて、よくふき取る。揚げ油を170度に熱して、キンメダイを素揚げする（完全に火が通ってなくてよい）。

2. 白菜は太めの細切りにし、長ねぎは斜め薄切りにする。せりは5cm長さに切る。

3. 鍋に昆布と水を入れて沸かし、魚醤、酒、砂糖を入れ、キンメダイをのせて20分ほど煮込む。

4. 白菜と長ねぎを加えて火を通し、最後にせりを入れてさっと煮る。

魚を揚げてから煮るので
コクが増し、野菜がおいしく
たっぷりと食べられます。
せりは最後に入れて香りよく。

鮭

【サケ】

「新巻き鮭（荒巻き鮭）」と「塩引き鮭」があり、前者は、鮭を塩漬けにして冷凍保存したもの。後者は、塩漬けにしてから余分な塩を抜き、寒風にさらして作られます。

サケの粕汁

ふわっと香る酒粕の汁に
サケのうま味が溶け込んだ
具だくさんのごちそう椀。
寒い季節に恋しくなる味です。

材料（2人分）

塩サケ（できればカマ）
— 2切れ（100g × 2）
にんじん — 4cm
大根 — 6cm
油揚げ — 1枚
青ねぎ（九条ねぎなど）— 1本
煮干し出汁＊ — 3カップ
酒粕（板粕）— 50g
白みそ — 40g
淡口しょうゆ — 小さじ 1/2

＊煮干し出汁は、水3カップに煮干し10gを入れ、弱火で5分ほど煮て取る。

つくり方

1. 塩サケは食べやすい大きさに切り、熱湯で3秒ゆで、冷水に取って汚れとウロコを落とす。
2. にんじん、大根は5mm厚さの半月に切る。油揚げは熱湯をかけて油抜きし、1cm幅に切る。青ねぎは4cm長さに切る。
3. 酒粕は手でもんでやわらかくし、煮干し出汁適量（分量外）で溶く。
4. 鍋に出汁、3の酒粕、みそ、淡口しょうゆ、にんじん、大根、油揚げを入れて火にかける。沸騰したらサケと青ねぎを入れて具に火が通るまで煮る。

サケのちゃんちゃん焼き

北海道の漁師町で生まれた料理。
たっぷりの野菜をバターで炒め、
サケを入れて蒸し焼きに。
甘みそ味が合う！

材料（2人分）

塩サケ ⋯⋯ 2切れ（70g × 2）
玉ねぎ ⋯⋯ 1/2 個
しめじ ⋯⋯ 1パック
キャベツ ⋯⋯ 5枚
酒 ⋯⋯ 大さじ2
無塩バター ⋯⋯ 大さじ1
A｜みそ ⋯⋯ 大さじ1
　｜酒 ⋯⋯ 大さじ1
　｜砂糖 ⋯⋯ 大さじ1

つくり方

1. 塩サケは1切れを半分の厚さに切る。玉ねぎは薄めのくし形切りに、しめじは石づきを切ってほぐす。キャベツは3cm 角に切る。
2. A はボウルに合わせ、よく混ぜる。
3. フライパンを火にかけ、バターを入れて玉ねぎ、しめじをさっと炒める。ここへ、キャベツとサケをのせて酒をかけ、蓋をして5分ほど蒸し焼きにする。
4. 2のたれをかけてざっと混ぜ、サケが上にくるように盛りつける。

サケの酒煮

沸かした酒水につけおく
簡単料理。サケと好相性の
じゃがいもと盛り合わせ、
レモン風味でいただきます。

材料（2人分）

塩サケ —— 2切れ（70g × 2）
水 —— 1カップ
酒 —— 1カップ
じゃがいも —— 2個
レモンの薄切り —— 2枚
オリーブ油 —— 大さじ1/2

a 水と酒を合わせて沸騰させ、火を止めてサケをひたす。余熱で火を通すと、身がかたくならない。

つくり方

1. 塩サケは塩辛い場合は塩抜きをする。水の量に対して1.5%の塩を入れた塩水に、3時間ほどつけるとよい。
2. サケをぬるま湯で洗って汚れを落とし、2～3つに切る。じゃがいもは丸ごと熱湯でゆでて皮をむき、4等分に切る。
3. 鍋に水と酒を入れて沸かし、2分ほど沸騰させたら火を止め、サケを入れて15分おく（写真a）。
4. サケが大きければ手で食べやすく割り、じゃがいも、半月切りにしたレモンと一緒に器に盛りつけ、オリーブ油をかける。

鱈

【タラ】

北国生まれの大ぶりの白身魚。干しダラは塩漬けにしてから乾燥させ、乾燥の度合いで半干しと本干（棒ダラ）に分けられます。皮と中骨を除いて干した「すき身」も。

タラのコロッケ

淡白なうま味のタラと
粘りのある里いもを
クリーミーなソースでまとめ、
きつね色に揚げました。

材料（4人分）

干しダラ（すき身）— 1枚（80g）
里いも — 中6個
A｜バター — 30g
　｜小麦粉 — 40g
　｜牛乳 — 250mℓ
塩 — 小さじ1/4
白こしょう — 少々
小麦粉（ふるったもの）— 適量
溶き卵 — 1個分
パン粉（細びき）— 適量
揚げ油 — 適量

つくり方

1. すき身ダラは水適量に1時間つけて戻す。途中で水を2～3回替える。手で細かくほぐし、熱湯をかけて臭みを取る。
2. 里いもはタワシでよく洗い、上下を少し切ってゆでる。竹串が通ったら湯をきり、皮をむいて粗くつぶす。
3. Aでホワイトソースを作る。鍋にバターを溶かして弱火にし、小麦粉を加えて木べらで炒め、さらっとするまで混ぜながら弱火で加熱する。火からおろし、牛乳を少しずつ加えて混ぜ、中火にかけて混ぜながらとろみをつける。塩、こしょうで味を調える。
4. ホワイトソースをバットに入れ、粗熱が取れたらタラと里いもを加えて混ぜる。
5. 4を8等分し、手に油（分量外）をつけて成形する。小麦粉、溶き卵、パン粉の順に衣をつけ、180度の油できつね色に揚げる。

タラのいも棒

カチカチの棒ダラを戻し、
里いもと煮た京都の伝統料理。
時間をかけてしっかり
味を煮含めます。

材料（作りやすい分量）

干しダラ（棒ダラ）…… 1本
里いも …… 大6個
番茶葉 …… 大さじ3
水 …… 2カップ
酒 …… 1カップ
昆布 …… 4cm 角1枚
A｜水・酒 …… 各1/2 カップ
｜しょうゆ …… 1/2 カップ
｜砂糖 …… 大さじ2
｜みりん …… 大さじ3
柚子の皮のせん切り …… 適量

a
完全に乾かした棒ダラは水を替えながら1週間かけて戻す。番茶で煮てアクを抜いてから食べやすく切る。

つくり方

1. 棒ダラは半分に割って水（分量外）につけ、毎日水を替えて1週間かけて戻す。しっかりと水洗いし、たっぷりの湯に番茶葉を入れて沸かし、タラを入れて15分ほど煮る。湯をきってタラを5cm幅に切る（写真 a）。
2. 里いもは皮をむき、熱湯で竹串がスッと通るまで下煮する。
3. 鍋に1と水、酒、昆布を入れて落とし蓋をし、弱火で30分煮る。Aを加えて、さらに30分煮る。
4. 鍋からタラと昆布を取り出し、里いもを入れて、ひたひたになるまで水を足し、弱火で10分煮る。ここへ、タラを戻して温める。
5. 4を器に盛ってゆずの皮を天盛りにする。

タラと豆腐ときのこの蒸し物

すき身のタラを塩抜きし、
白身のうま味を生かして
野菜と蒸すだけで
お手軽で本格的な味わいに。

材料（2人分）

干しダラ（すき身）…… 1枚（80g）
片栗粉 …… 大さじ1
絹豆腐 …… 1丁
生しいたけ …… 5個
しめじ …… 1/2 パック
長ねぎ …… 1/2 本
昆布 …… 6cm 角1枚
A ｜酒 …… 大さじ1
　｜しょうゆ …… 大さじ 1/2
　｜豆板醤 …… 小さじ1

つくり方

1. すき身ダラは水に1時間つけて塩気を抜く。水気をふき、8等分に切って片栗粉をつける。

2. 豆腐はキッチンペーパーで包み、まな板などではさんで水きりし、8等分に切る。しいたけとしめじは石づきを切り、長ねぎは斜め薄切りにする。

3. 耐熱皿に昆布を敷き、タラ、しめじ、豆腐、しいたけ、長ねぎの順に斜めに重ねる。混ぜたAをかけ、蒸し器に入れて蒸気を上げ、中火で 10 分蒸す。

タラのエスニックスープ

干しダラは水で戻して使います。
タラから出るうま味を利用し、
野菜と一緒に煮て、卵スープに。
ナンプラーで味にメリハリを。

材料（4人分）

干しダラ（半干し）—— 1尾（60g）
白菜 —— 2枚
ホワイトアスパラ —— 2本
水 —— 3カップ
酒 —— 大さじ3
ナンプラー —— 小さじ1/2
水溶き片栗粉
　——大さじ2（片栗粉を同量の水で溶く）
卵 —— 2個

つくり方

1. 半干しダラは3cm幅に切って1時間ほど水につけ、塩気を抜く。熱湯をかけて臭みを取る。
2. ホワイトアスパラは根元の皮をむいて斜め薄切りに、白菜は4cm幅に切る。
3. 鍋に水と酒、タラを入れて火にかけ、沸いたら2を加えて10分煮る。弱火にしてナンプラーを加え、水溶き片栗粉を回し入れてとろみをつける。
4. 3を中火にして溶き卵を流し入れ、大きく混ぜて、できあがり。

memo

タラを干物にするわけ

タラを鱈と書くのは、雪の頃の北国でとれるから。とれ立ては刺身にもするが、10kgもあるタラは鮮度が落ちやすく、日がたつとアンモニア臭が発生。そこで、関東以南まで運ぶために、塩ダラ、干しダラにする方法が発達した。ちなみに「鱈腹」とは、タラのように腹いっぱい食べることをいう。

柳葉魚

【シシャモ】

北海道の釧路近辺で、11月から約1か月間しかとれない小ぶりの魚。シシャモはアイヌ語の「ススハム（柳葉）」から名付けられました。

シシャモの春巻き

焼くだけでもおいしいけれどのりや青じそと春巻きに。こんがり揚げれば、頭からパリッと丸ごと味わえます。

材料（2人分）

シシャモの干物 ―― 10尾（25g × 10）
春巻きの皮 ―― 5枚
のり ―― 全形5枚
青じそ ―― 10枚
水溶き小麦粉 ―― 大さじ1
（小麦粉を同量の水で溶く）
揚げ油 ―― 適量

つくり方

1. 春巻きの皮とのりは半分に切る。青じそは洗って軸を切る。
2. 春巻きの皮にのりと青じそを重ねてのせ、シシャモの頭が出るようにおき、頭と皮の接点に水溶き小麦粉を塗る。
3. 頭と反対のほうにはみ出た皮を内側に折り、くるくると巻いて、端に水溶き小麦粉を塗って皮を止める。
4. フライパンに1cm深さほど油を入れて170度に熱し、3を入れてきつね色に揚げる。

シシャモの南蛮漬け

揚げずに焼いて、さっぱりと。
甘酢液に玉ねぎをたっぷり加え、
辛味をつけて漬け込みます。
骨ごとのおいしさを味わって！

材料（2人分）

シシャモの干物……10尾（25g×10）
玉ねぎ……1/2個
赤パプリカ……20g
出汁……100mℓ
酢……100mℓ
赤唐辛子……1本
砂糖……大さじ2
淡口しょうゆ……大さじ1
レモン汁……1個分

つくり方

1. 玉ねぎは繊維に沿って薄切りにし、パプリカはヘタとワタを取って縦細切りにする。

2. 鍋に出汁、酢、種を取った赤唐辛子を入れて火にかけ、沸いたら砂糖、淡口しょうゆを入れる。1を加えてひと煮立ちさせ、火を止める。最後にレモン汁を入れて、容器に移す。

3. シシャモの干物は腹が割れないように注意してグリルでこんがりと焼き、熱いうちに2につけ込む。すぐに食べられるが、6時間くらいたつと、骨までやわらかくなる。

現場を訪ねて知る 最新の干物作り

東京中央卸売市場（豊洲市場） ㈱西秀商店

きれいに下ごしらえ 「塩汁」が味の決め手

干物はひと口に言うと、「魚介に塩をして乾燥させたもの」。とはいえ、冷凍技術や乾燥機など、ハードな面が発達した今、干物の製造法は少しずつ変わってきているのではないか。そう考えて、豊洲市場内に自社加工施設を持つ西秀商店を訪ね、見学させていただきました。

作業は早朝4時半から行われ、鮮度のよい状態で冷凍した魚を解凍し、次々に下ごしらえしていくことから始まります。専用の小ぶりの包丁で素早く開いて内臓を取り除き、汚れが残らないようにきれいに洗う、流れるような一連の作業は見事なものです。次に「塩汁」という水に塩を加えた液につけますが、これが干物屋独自の味を作り出す肝心なところ。

「私は、塩分5％くらいの塩汁に、魚によって違いますが、40分から1時間程度つけています。以前は、その塩汁を煮沸してアクを取り、次の日、また次の日と使い回していましたが、今は毎日新しい塩汁を作っています」と説明してくれたのは、西秀商店二代目の加藤正志さん。

「何年も同じ塩汁を使っていると、焼いたときに臭みが出るし、小さいウロコなどがたまって衛生的ではないので、毎日取り換えているわけです。その代わり、塩の質がよくないと角が立つし、質がよすぎても魚が塩に負けてしまうので、普通より少しいい天日塩を使っています」

塩汁につけ終わったら水洗いし、次に、乾燥へと移ります。

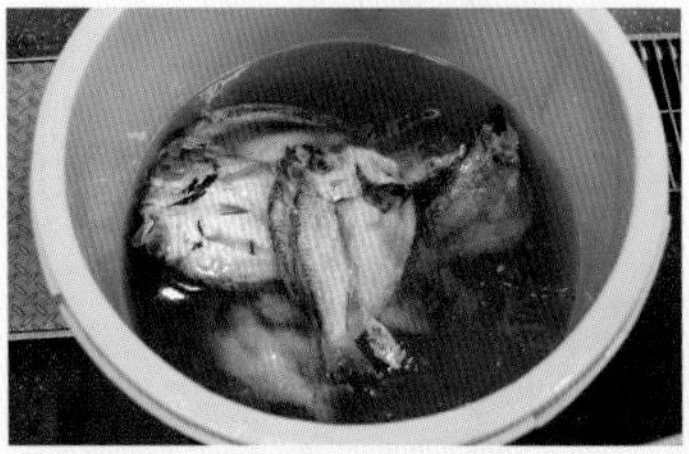

塩汁に1時間ほどつけて（魚によって時間は違う）塩分を浸透させる。さっと洗って網に並べ、乾燥機へ。

カマスは頭を割らずに背開きにし、内臓を取る。洗ってから、細い針を中骨に沿って入れ、血抜きする。

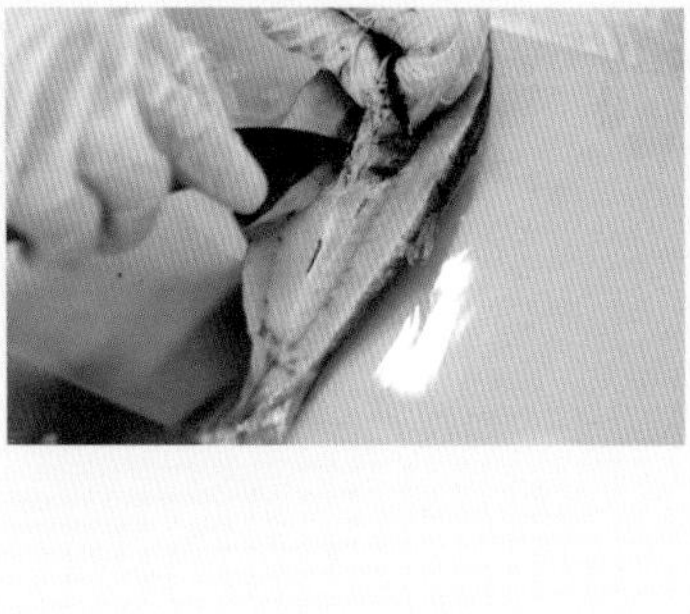

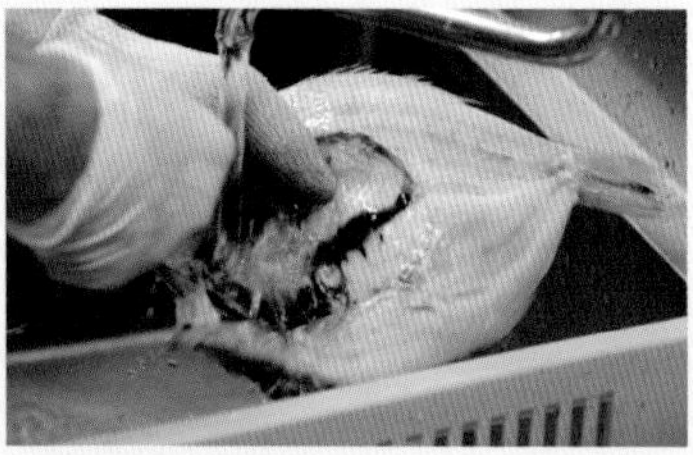

ノドグロは背開きにして頭を割り、内臓を取り除いて、黒っぽい腹の膜をブラシなどできれいに洗う。

冷風乾燥機を使いつつ手作業でフォロー

乾燥は機械で行います。干物というと天日に干すイメージがありますが、機械のほうが衛生的かつ、干し加減の調節ができるというメリットがあります。

「以前は温風の乾燥機でしたが、今は除湿ができる冷風乾燥機に替わっています。実は私の祖父が開発したのですが、湿気を取ってから乾燥するので魚が傷みにくく、芯から乾かすことができます。ただ、温度が低いとおいしそうな色が出ませんから、そのバランスが難しいですね」

西秀商店の干物は、鮮魚に近いソフトタイプのもの。したがって、加藤さんが干物作りでもっとも気をつけているのは、身をかたくしないことです。

「干せば干すほど身がかたくなるので、ある程度のところで切り上げます。また、皮と身の乾き具合に一体感が出るようにしたいので、魚によってはある程度水分を取ってから乾燥機に入れたり、調整が必要ですね」

機械を使うといっても、やっている作業はかなりアナログ的。すべてを機械でやることも可能ですが、それだとウロコや血合いの黒い部分が残ったり、美しくない干物になってしまうそう。

「手作業を大事にしているのは、東京の地価の高いこの場所で、量もそれほど多くないのに、いい加減な干物を作るのでは意味がない、と思うからです」

全国から魚が集まる大規模な市場にいて、自分の目で確かめながら魚を調達したり、いい時期に買って冷凍庫で凍結させたりできる、恵まれた環境にいるのだから、「質が良くて見た目もよく、おいしい干物を食べてもらいたい」と加藤さん。最新の技術と職人技が合体したときに、最高の干物ができることを知りました。

話をうかがった西秀商店社長、加藤正志さん。30年近く干物作りを手がけ、時代に合った味や形を追及。高品質の干物を提供している。

干物ができあがったら、機械で真空パック。これを急速凍結し、冷凍のまま出荷する。

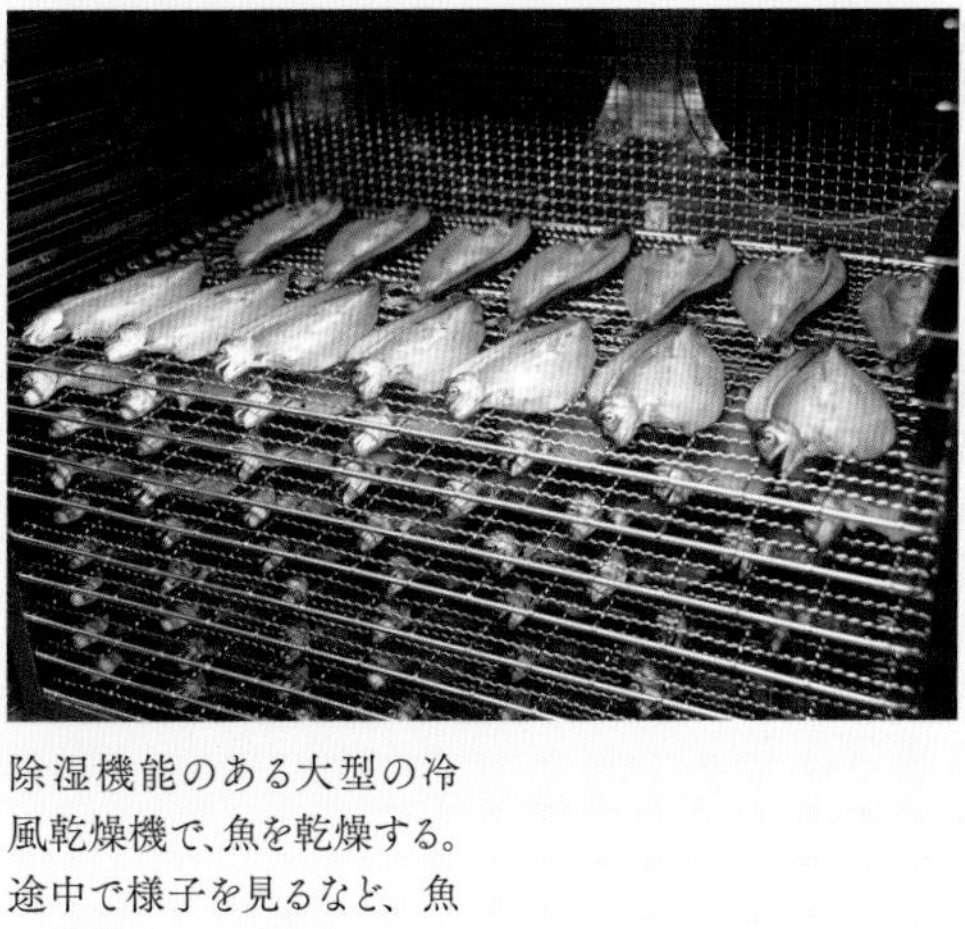

除湿機能のある大型の冷風乾燥機で、魚を乾燥する。途中で様子を見るなど、魚の状態によって調整。

塩汁につけたあと、塩分濃度をはかって確認。1.2%くらいだが、洗って乾燥すると0.9%くらいになる。

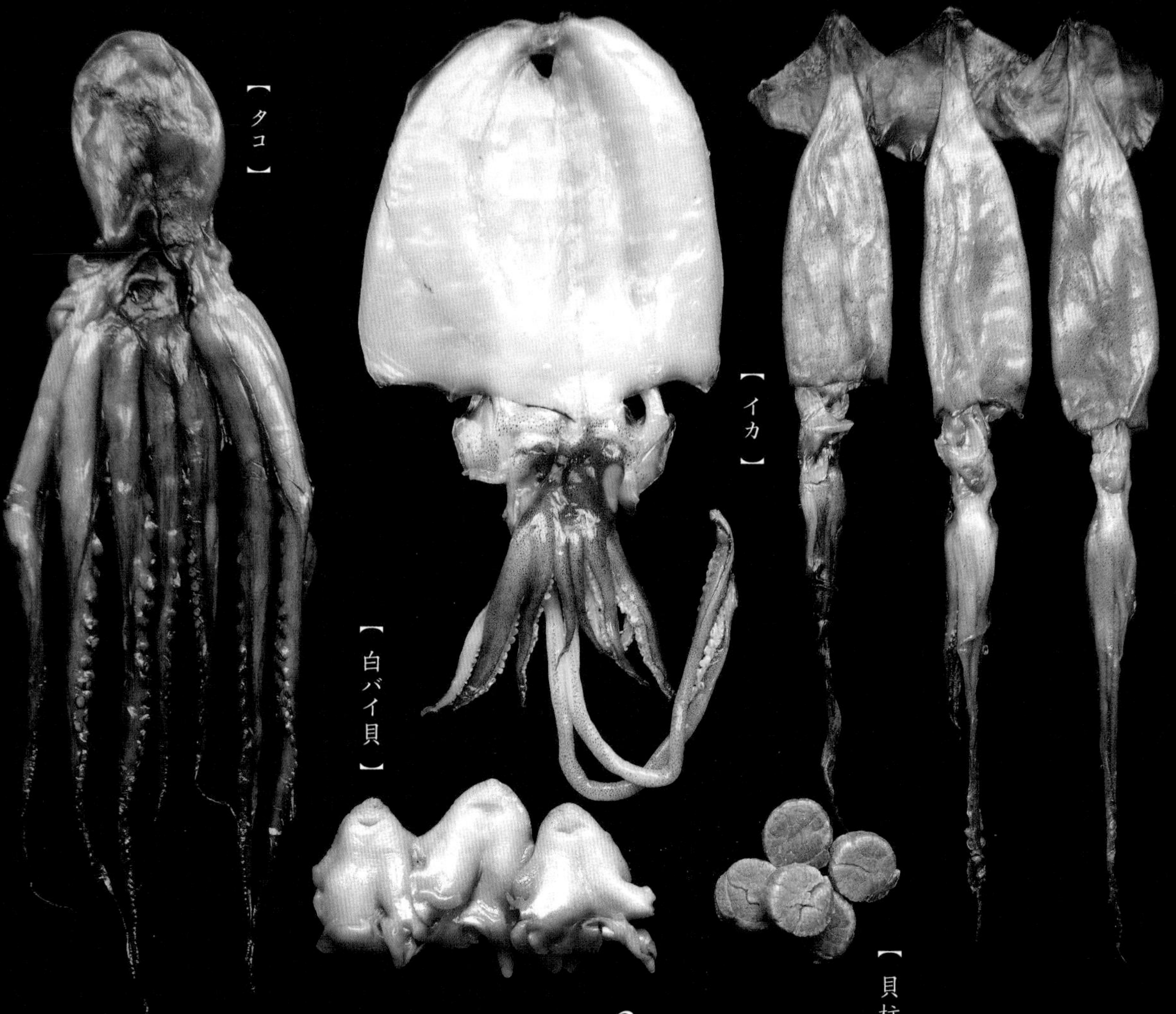

chapter 3

三章

イカ・タコ・貝の干物

食感を楽しむ

「入れるだけ」だからお手軽！

イカ・タコは軟体動物、貝は殻の中に入っている軟体動物。というわけで、図鑑などには、イカ・タコは貝の仲間として紹介されています。そして、イカ・タコ・貝の干物のメリットは、骨がないので、切るだけでほかの材料と合わせて調理できる、という点。どれも、コリコリした歯ごたえがあり、生よりしっかりとうま味が感じられます。

イカは種類がとても多いのですが、その中で干物にされているのは、アオリイカ（ミズイカ）、ケンサキイカ、ヤリイカ、スルメイカ、モンゴウイカなど。ここでは、上品な味わいのアオリイカの生干し（一夜干し）と、風味のよいスルメイカの丸干しを使いました。

タコの干物は、食感のよいマダコが多く、大ぶりのミズダコの足や、小さいイイダコでも作られます。イカと同様に甘味があり、干すことで独特の歯ごたえが生まれます。

貝の干物の代表は、ホタテガイの貝柱。うま味が凝縮されており、貝柱を戻した水は出汁に使います。白バイ貝は殻から抜いて生干しにしたものが扱いやすく、ほかに、バカ貝、ホッキ貝などの干物もあります。どれも手軽に使えるので、ぜひお試しください。

烏賊【イカ】

干しイカといえばスルメをイメージしますが、実はいろいろな種類の生干し（一夜干し）が作られており、生イカと同様に調理できます。乾燥させた丸干しもあります。

イカのヤムウンセン

春雨に魚介などを加え、酸味のあるたれで和えるタイ料理。エスニックな香りがイカを引き立てます。

材料（2人分）

イカの干物（一夜干し）
　— 1杯（180g）
春雨 — 70g
干しエビ — 3g
きくらげ — 10g
紫玉ねぎ — 60g
豚挽き肉 — 30g
赤唐辛子（湯で戻したもの）
　— 2本
A ｜ナンプラー
　　— 大さじ2と1/2
　｜ライムのしぼり汁
　　— 大さじ3
　｜砂糖 — 大さじ1
パクチー — 4枝

つくり方

1. 春雨と干しエビはぬるま湯に20分つけ、春雨は10cm長さに切る。きくらげは水で戻して石づきを取り、細切りにする。紫玉ねぎは薄切りにして水にさらす。Aは混ぜておく。
2. イカの胴は斜め格子の切り込みを入れ、足などとともに食べやすい大きさに切る。
3. 春雨ときくらげをざるに入れたまま熱湯で30秒ゆで、湯をきってAのたれにつけ込む。同じ鍋でイカを1分ゆでて取り出し、ひき肉もざるのままさっとゆでる。干しエビ、玉ねぎ、赤唐辛子とともにAにつけ込む。
4. 器に盛り、1.5cm長さに切ったパクチーをのせる。

イカの飯《いい》蒸し

イカのおなかにもち米を詰め、
調味液とともに蒸しあげます。
中まで味がしみ込んだ
もちもち感を楽しんで！

材料（2人分）

イカの干物（丸干し）
…… 小3杯（30g × 3）
もち米 …… 1/3カップ
出汁 …… 2カップ
しょうゆ …… 大さじ2
砂糖 …… 大さじ3
酒 …… 大さじ2

つくり方

1. もち米は研いで、出汁に6時間ほどつける。イカは足を抜き、イカ1杯につき、もち米1/3量ずつを詰めて（写真a）、口に足を詰め込み、胴をふくらませる。

2. 鍋に1の出汁、しょうゆ、砂糖、酒を入れて沸かし、沸騰したら容器（蒸し器に入るバットなど）に移す。

3. 2にイカを入れてアルミホイルでおおう。これを蒸し器に入れて火にかけ、蒸気を上げて30分蒸す（写真b）。

4. イカを取り出し、粗熱を取って切り分ける。

a もち米はいっぱいに詰め込まず、8割くらいに。足を押し込んで蓋代わりにする。

b 調味液を入れたバットにイカめしを入れて蒸すと、表面にも中にも味がしみ込む。

イカと大根の煮物

イカはさっと煮て取り出し、
下ゆでした大根を
煮汁でやわらかく煮ます。
シンプルなしょうゆ味のお惣菜。

材料（2〜3人分）

イカの干物（一夜干し）…… 1杯（180g）
大根 …… 1/2本
しょうがのせん切り …… 10g
出汁 …… 2カップ
酒・砂糖・しょうゆ …… 各大さじ2

つくり方

1. 大根は2cm厚さの半月に切り、皮をむく。水または米のとぎ汁適量で竹串が通るまでゆでる。イカは食べやすい大きさに切る。
2. 鍋に出汁と大根を入れ、3分ほど煮て、酒、砂糖を加えて3分煮て、しょうゆを加える。
3. イカとしょうがを2の鍋に入れ、さっと煮てイカだけを取り出す。
4. そのまま10分ほど大根を煮て火を止める。食べる直前にイカを戻して温める。

イカの肝焼き風

イカを酒で炒め煮し、
卵黄とナンプラーで
肝みそのような味つけを。
ごはんのお供に、酒の肴に。

材料（2人分）

イカの干物（丸干し）…… 2杯（30g × 2）
A｜卵黄 …… 1個分
　｜ナンプラー …… 小さじ1
酒 …… 大さじ4
みそ …… 小さじ1
太白ごま油 …… 大さじ1
万能ねぎの小口切り …… 4本分

つくり方

1. Aは混ぜておく。フライパンにごま油を熱し、イカの丸干しの表面を焼き、酒を加えて火を通す。イカは取り出しておく。
2. 1のフライパンにみそを入れて炒め、火を止めてからAを入れて混ぜる。
3. イカを1cm幅に切り、器に盛って万能ねぎと2を添える。

memo

贈答品だったスルメ

イカを開いてカラカラに乾燥させたのがスルメ。昔から「寿留女」と書いて婚礼の縁起物に、神事の供え物に、祝い事の贈答に使われた。越前地方では「於多福烏賊」といって、乾燥中に胴の中央部を広げてお多福の顔の形に似せたスルメが作られた。保存食であることも贈答に適していた理由。

貝柱

貝柱のおかゆ

ホタテガイの貝柱を煮熟（高温で煮詰めること）、乾燥したものが干し貝柱。江戸時代から中国（清）に輸出され、今も高級食材として中華料理に用いられます。

材料（2人分）

干し貝柱 …… 3個
米 …… 1/2 カップ
水 …… 600mℓ
（6分がゆの場合）
塩 …… 小さじ 1/3 程度

つくり方

1. 貝柱は水 100mℓ（分量外）につけて6時間おく。米は研いでざるに上げ、30 分おく。
2. 蓋つきの鍋に米、貝柱と戻し汁、水を加え、蓋をして中火にかける。沸いてきたら蓋をずらして吹きこぼれない程度の弱火で 30 分ほど炊く。
3. 塩を加え、ひと混ぜしてできあがり。

貝柱はゆっくり戻します。
うま味がぎゅっと凝縮した
貝柱と戻し汁でコトコトと。
やさしい味のおかゆです。

貝柱の冬瓜《とうがん》煮込み

冬瓜に貝柱の濃厚な
うま味を吸わせます。
塩少々で色よく煮た
上品な味わいの一品。

材料（2人分）

干し貝柱 ── 2個
昆布 ── 5cm 角1枚
水 ── 2カップ
冬瓜 ── 300g
油揚げ ── 1枚
酒 ── 大さじ1
砂糖 ── 大さじ 1/2
しょうゆ ── 大さじ1と 1/2
塩 ── 小さじ 1/4
水溶き片栗粉 ── 大さじ1
（片栗粉を同量の水で溶く）

つくり方

1. 貝柱と昆布は分量の水につけて6時間おいて戻す。
2. 冬瓜は4×3cm 程度に切り、皮を薄くむいて表面に斜め格子状に細かく包丁を入れ、塩少々（分量外）を皮のほうにすり込む。鍋に米のとぎ汁適量を沸かし、冬瓜を皮のほうを下にして入れ、竹串が通るまでゆでて水で洗う。
3. 油揚げは熱湯をかけて油抜きし、4等分する。
4. 鍋に1と酒を入れて沸かし、沸騰直前に昆布を取り出し、冬瓜と油揚げを加える。そのまま弱火で5分煮る。砂糖を加えて3分、しょうゆを加えて3分煮て、塩で味を調える。水溶き片栗粉を回し入れ、とろみをつける。

白バイ貝

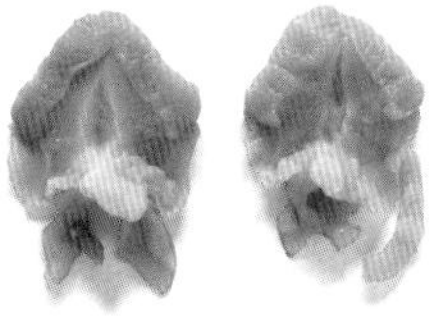

巻貝の一種で、殻が白っぽいバイ貝。そのまま煮つけたり、刺身でも食します。生干しは開いてあるので扱いやすく、ゆでて和え物や酢みそなどの具にも好適です。

白バイ貝の炊き込みごはん

骨がなくうま味の多い貝は
炊き込むのにぴったりの素材。
薄味のふっくらごはんと
コリっとした食感が楽しめます。

材料（2人分）

白バイ貝の干物 — 5個（100g）
米 — 2合
水 — 370mℓ
酒 — 大さじ1
淡口しょうゆ — 大さじ1と1/2

つくり方

1. 米は洗ってざるに30分上げておく。白バイ貝は、酒適量（分量外）につけて30分おく。
2. 鍋に米を入れて、水と酒、淡口しょうゆを入れて混ぜ、白バイ貝をのせる。強火にかけて沸騰したら中火にし、10分ほど炊く。火を止めて10分蒸らす。

蛸

【タコ】

タコ漁が盛んな地域では、今も生ダコを姿のまま風干しにしています。生干しはゆでダコよりもうま味があり、家庭で手軽に調理できます。

タコのすみつかれ

具材を大根おろしで和える茨城の郷土料理をタコで。軽く焼くとやわらかく、甘酢味ともよくなじみます。

材料（2人分）

タコの干物 ― 70g
大根 ― 1/2本（500g）
にんじん ― 1/2本（50g）
塩 ― 小さじ1/5
甘酢
　酢 ― 100㎖
　砂糖 ― 40g
長ねぎのみじん切り ― 15g
柚子の皮のせん切り ― 適量

つくり方

1. タコはフライパンまたは焼き網で焼いて、小さめに切る。大根とにんじんは皮をむいて目の粗いおろし金（あれば鬼おろし）ですりおろし、水気をきって塩をふる。

2. 甘酢の材料をボウルに入れてよく混ぜ、粗熱を取ったタコをつけておく。

3. 大根とにんじんのすりおろしに長ねぎを加え、2のタコのみ混ぜて器に盛り、柚子の皮をのせる。仕上げに、タコをつけた甘酢を少しかける。

【ちりめん】

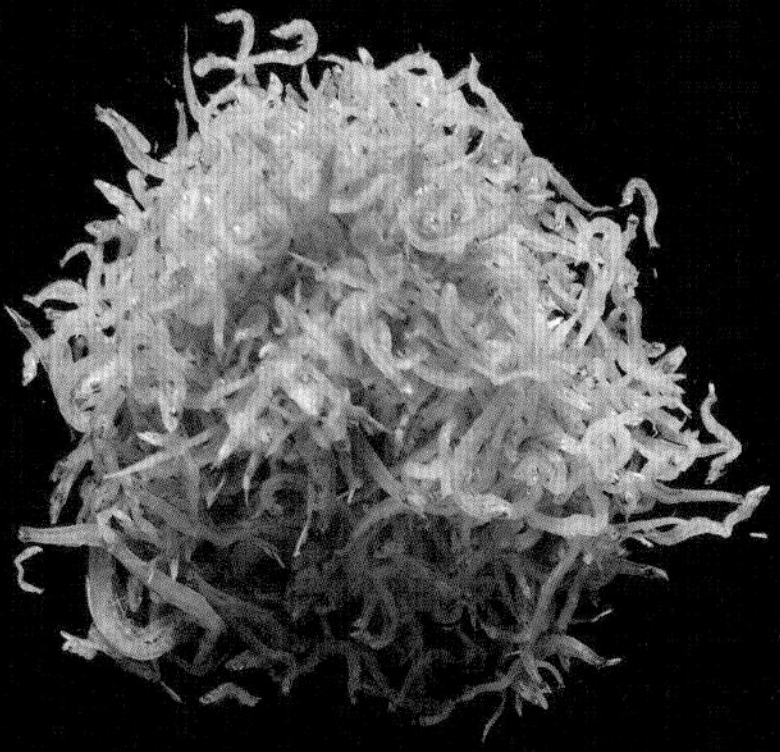

【しらす干し】

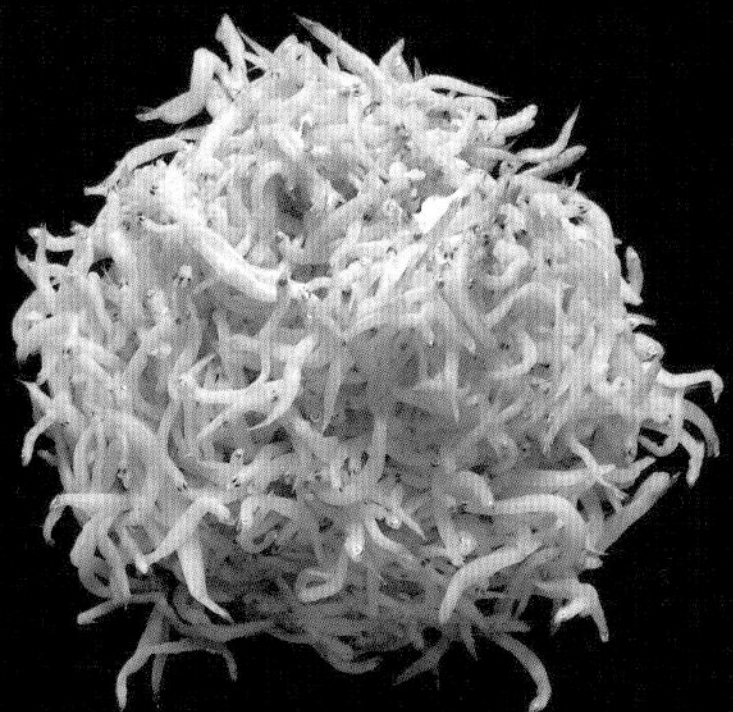

【桜エビ】

【煮干し】

chapter 4

四章

小魚・エビの干物

出汁いらず

丸ごとのおいしさを味わう

ここで小魚として取り上げた、煮干し、しらす干し、ちりめんは、いずれもカタクチイワシの稚魚を加工したもの。煮干しは煮てから乾燥させ、しらす干しやちりめんは塩水でゆでてから乾燥させたもの。煮干しはアジやトビウオでも作られます。

煮干しは、かつお節や昆布、干ししいたけと並び、おいしい出汁が取れる食材。しかし、出汁を取るだけではもったいないので、ここでは、野菜やナッツ類などと合わせた、うま味たっぷりの料理を紹介します。しらすやちりめんも同様に、野菜や海藻と組み合わせ、うま味や食感を生かします。どれも丸ごと食べられるので、カルシウムの供給源として大変すぐれており、低カロリー低脂肪の健康食品として見直されています。

干しエビで有名なのは、素干し桜エビ。塩を使わず干しあげ、薄い殻がパリパリになって香りを放ち、ほの甘いうま味を醸します。そのうえ、健康効果の高いタウリンやミネラルも豊富。素干しのほかに、煮て殻を落とし、乾燥させた干しエビもあります。小さな魚介の干物で、骨ごと殻ごとのおいしさを堪能しましょう！

煮干し

魚介類を煮て干したものを干魚といいますが、一般的にはイワシの煮干しを「煮干し」(西日本ではイリコ)と呼びます。煮干しは料理にしっかりとしたうま味を加えてくれます。

切り干し煮干し

風味のよい煮干しのうま味を切り干し大根に含ませます。煮干しと一緒に食べれば、口の中でうま味倍増。

材料(作りやすい分量)

煮干し ── 10g
切り干し大根(乾) ── 30g
水 ── 300mℓ
しょうゆ ── 大さじ 1/2
みりん ── 大さじ 1/2

つくり方

1. 煮干しは頭と腹ワタを取る。切り干し大根は水でよく洗い、ざるに上げて 10 分おく。
2. 1の切干し大根を熱湯で2分ゆでてざるに上げ、4cm 長さに切る。
3. 鍋に水と煮干しを入れて弱火にかけ、沸騰する直前に煮干しを取り出す。
4. 切り干し大根を入れて、沸いてきたら、しょうゆとみりんを入れて 10 分煮る。途中で天地を返すように混ぜ、水分がほぼなくなったら煮干しを戻し入れて混ぜる。

煮干しのくるみ和え

からっと煎ることで
香りが立ち、食感もぐっと向上。
カラメル状のたれをからめ、
歯ざわりよくいただきます。

材料（作りやすい分量）

煮干し ―― 小70g
くるみ（生）―― 30g
砂糖 ―― 大さじ4
しょうゆ ―― 大さじ3

つくり方

1. 鍋を熱し、煮干しを入れて乾煎りする。いったん取り出して鍋をさっとふき、くるみを乾煎りして出す。
2. 1の鍋に砂糖としょうゆを入れて火にかけ、混ぜながら沸かす。ふわっと泡が浮いてきたら火からおろし、すぐに濡れぶきんにのせて冷ます。これを2回繰り返し、煮干しとくるみを戻してからめる。
3. バットに取り出し、粗熱を取る。

煮干しだれの生野菜ナムル

煮干し出汁をしょうゆと合わせ、
にんにくやごま油で韓国風味に。
出汁がらの煮干しもおいしく、
生野菜がモリモリ食べられます。

材料（作りやすい分量）

煮干し出汁じょうゆ
- 煮干し —— 8g
- 水 —— 50mℓ
- しょうゆ —— 大さじ1と1/2
- みりん —— 大さじ1/2

にんにくのすりおろし —— 少々
白煎りごま —— 大さじ2
ごま油 —— 大さじ2
水菜 —— 1/2束
クレソン —— 1束
スプラウト（お好みの2種）—— 適量

つくり方

1. 煮干し出汁じょうゆを作る。煮干しは頭と腹ワタを取り、水と一緒に鍋に入れて沸かし、弱火で半量くらいになるまで煮詰める。煮干しを取り出し、しょうゆとみりんを加えてひと煮立ちさせる。
2. 1の出汁じょうゆ大さじ2に、にんにく、煎りごま、ごま油を加え、たれを作る。
3. 水菜とクレソンは水で洗って食べやすく切り、スプラウトは根元を切って洗い、水気をよくきる。これらと1の煮干しをボウルに入れ、2のたれで和える。

煮干しとごぼうのでんぶ

余った材料を煎り煮するでんぶ。
煮干しも出汁がらで十分です。
酸味を加え、じっくり煮て
山椒で香りをつけました。

材料（作りやすい分量）

煮干し …… 小25 g
ごぼう …… 1/2本（120g）
しょうゆ …… 大さじ1/2
かつお節（出汁がら）…… 35 g程度
昆布（出汁がら）…… 5cm程度
梅干し …… 2個
酒 …… 50mℓ
しょうゆ …… 25mℓ
みりん …… 25mℓ
実山椒の青煮 …… 小さじ1

つくり方

1. ごぼうはタワシで洗って3cm長さに切り、4つ割りにする。熱湯で下ゆでし、しょうゆをふりかけておく。

2. 頭とワタを取った煮干しは熱湯でさっとゆでる。昆布は細く切る。

3. 鍋に1のごぼうと煮干し、かつお節、昆布、ちぎった梅干し、酒を入れて、中弱火でじっくりと、ときどき混ぜながら煮る。汁気がなくなったら、しょうゆとみりんを入れ、実山椒を加えてざっと混ぜる。

ちりめん しらす干し

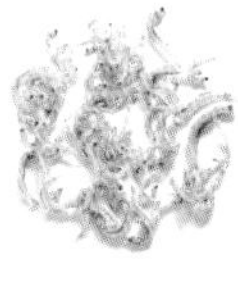

カタクチイワシなどの稚魚を塩水でゆで上げ、放冷したものがしらす。これを水分60％ほどに干し上げたものがしらす干し、水分40％前後まで乾燥させるとちりめんに。

ひじきと大豆とちりめんの炒め煮

大豆に味を含ませながら炒め煮し、最後にちりめんを加えて、歯ごたえを残します。栄養たっぷりの常備菜に。

材料（作りやすい分量）

ちりめん —— ひとつかみ（30g）
ひじき（乾燥）—— 30g
にんじん —— 4cm（50g）
大豆の水煮 —— 120g
水 —— 150mℓ
砂糖 —— 大さじ2
酒 —— 大さじ2
しょうゆ —— 大さじ2
太白ごま油 —— 大さじ2

つくり方

1. ひじきは水洗いして5倍量のぬるま湯に30分つけて戻し、ざるに上げる。にんじんは2cm長さの細い拍子木切りにする。
2. 鍋にごま油を熱し、にんじん、ひじきを入れて軽く炒める。水を入れて大豆を加え、中火にし、砂糖、酒、しょうゆの順に加えて、汁気がなくなるまで炒め煮する。
3. 最後にちりめんを加え、ざっと炒め合わせる。

焼き万願寺のちりめんのせ

やわらかく焼いた万願寺に
カリカリちりめんが好相性。
しょうゆの香ばしさで
ごはんが進みます。

材料（2人分）

ちりめん — ひとつかみ（30g）
万願寺唐辛子 — 10本（30g）
ごま油 — 大さじ1
しょうゆ — 小さじ1

つくり方

1. 万願寺唐辛子は竹串で穴をあける。フライパンにごま油を熱し、万願寺唐辛子をしっかりと焼いて器に取り出す。

2. 1のフライパンにちりめんを入れて弱火で煎る。カリカリになったらしょうゆを加え、汁ごと1にかける。

ゴーヤとしらすの梅和え

さわやかな苦みのゴーヤと
ソフトな口当たりのしらすを
梅干しだれでまとめます。
さわやかなうま味の小鉢です。

材料（2人分）

しらす干し — 50g
ゴーヤ — 1本
塩 — 少々
長ねぎ — 1本
A｜砂糖 — 小さじ1/2
｜梅干しの果肉 — 2個分
｜しょうゆ — 小さじ1
｜ごま油 — 大さじ1

つくり方

1. ゴーヤは縦半分に切ってワタと種を取り、薄切りにして塩をふっておく。長ねぎは斜め薄切りにする。
2. ゴーヤと長ねぎを熱湯で一瞬ゆでて、ざるに上げ、粗熱を取る。
3. Aの材料をよく混ぜ合わせておく。水気をきったゴーヤと長ねぎをAで和え、しらす干しを加えてざっと混ぜる。

桜エビ

体長4〜5cmの桜エビは、日本では駿河湾沿岸の一部地域でとれるもの。素干し桜エビは、生のまま天日乾燥して作られ、健康効果の高いタウリンなどが含まれます。

桜エビのリゾット

米に出汁を浸透させる途中で桜エビを投入。うま味を存分に回し、なめらかに仕上げて。

材料（2人分）

干し桜エビ — 15g
米 — 100g
玉ねぎ — 1/4個（60g）
しめじ — 1/2パック
オリーブ油 — 大さじ1
出汁 — 300〜400mℓ
生クリーム — 大さじ3
レモン汁 — 1/2個分
塩 — 小さじ1/5
白こしょう — 適宜
レモンの皮のすりおろし — 少々

つくり方

1. 玉ねぎはみじん切りにし、しめじは小房に分ける。
2. 鍋にオリーブ油を熱し、玉ねぎを炒めてしんなりさせる。しめじを加えて油を回し、米を入れてさっと炒める。
3. 2に米がひたる程度の出汁を加える。沸いたら、干し桜エビを加えて、蓋をして15分煮る。蓋を開けて1度混ぜ、米の芯が少し残る程度に仕上げ、生クリームを加える。
4. レモン汁を入れて、塩、こしょうで味を調え、器に盛ってレモンの皮をかける。

桜エビのかき揚げ

水分のない桜エビは
かき揚げにしても失敗なし。
衣は混ぜすぎないのがコツ。
サクサクの食感に仕上がります。

材料（2人分）

干し桜エビ …… 30g
みつ葉 …… 30g
打ち粉
　片栗粉 …… 大さじ1
　薄力粉 …… 大さじ1
衣
　薄力粉 …… 大さじ3
　冷水 …… 大さじ3
揚げ油 …… 適量

つくり方

1. みつ葉は2cm長さに切る。打ち粉の材料を混ぜ合わせて、みつ葉と干し桜エビを入れて混ぜる。
2. 衣の水と薄力粉をさっくりと混ぜ、1にかけて軽く混ぜる。
3. 2の1/2量を玉じゃくしに取り、170度に熱した油に入れる。浮いてきたら菜箸で真ん中に穴をあけ、油の通り道を作る。表面がかたくなったら取り出す。これを2つ作る。

桜エビの沖あがり風

桜エビで作る静岡の漁師料理。
すき焼き風の味つけに
エビのうま味をたっぷりプラス。
豆腐もねぎも濃厚な味わいに。

材料（2人分）

干し桜エビ —— 20g
絹豆腐 —— 2丁
青ねぎ（九条ねぎなど）—— 4本
砂糖 —— 大さじ2
しょうゆ —— 大さじ2
酒 —— 大さじ4
水 —— 大さじ4

つくり方

1. 豆腐はペーパータオルで包み、まな板などではさみ、水気をきって半分に切る。青ねぎは4cm長さに切る。
2. 鍋に砂糖、しょうゆ、酒、水を加えて沸かし、豆腐と桜エビ、ねぎの白い部分を入れて蓋をし、弱火で15分煮る。
3. ねぎの青い部分を入れてさっと煮る。

ご当地自慢の干物

四方を海に囲まれた日本列島には、北から南まで、海沿いの各地に漁港があり、さまざまな魚が水揚げされています。その土地の気候風土によって、また海流によって、近海でとれる魚の種類は違い、したがって干物の種類もこしらえ方や干し方なども少しずつ違っています。

そんななかで、名産品と呼ばれる多くの干物が生まれ、今も伝統的な製法で自慢の味を保ち続けています。干物は保存食であり、年間を通して食卓に上がるよう、地元の人々の手によって、おいしく食べるための工夫が凝らされました。それが郷土の味となって今に伝えられています。

ここでは、その一部をご紹介します。ていねいに心を込めて作られた干物は、生の魚介類とはまた違う、海の幸を届けてくれます。

塩引き鮭（新潟）

北の海でとれる鮭の内臓を除き、数日間塩漬けにしたあと、塩抜きをして塩加減を調整。日本海沿岸特有の寒風に一〜数週間さらして熟成させたもの。新巻き鮭とは逆に、頭を下にして干すのが特徴。新潟県村上地方の特産品。

鮭雑煮

材料（2人分）

切り餅 — 2個
鮭 — 60g
大根 — 30g
にんじん — 30g
長ねぎ — 40g
こんにゃく — 25g
みつ葉 — 2本
いくら — 20g
出汁 — 200mℓ
しょうゆ — 小さじ2
塩 — 少々

つくり方

1. 鮭は一口大に切る。大根、にんじんはいちょう切りに、長ねぎは1cm幅に切る。こんにゃくは一口大にちぎって下ゆでする。
2. 餅は焼いておく。
3. 鍋に出汁と1を入れて火にかけ、火が通ったら鮭を入れて煮る。しょうゆと塩で調味する。
4. 器に餅と野菜などの具、汁を入れ、鮭をのせて、3cm長さに切ったみつ葉といくらを添える。

鮭トバ（北海道・青森）

産卵のために川に戻ってくる秋鮭を皮つきのまま細く切り、海水で洗って北国の潮風に当て、カチカチに干したもの。「とば」は「冬葉」と書くが、アイヌ語由来ともいわれている。あぶったり、酢でやわらかくして食べる。酒の肴に最適。

干しカスベ（秋田）

カスベはガンギエイ科のエイのこと。秋田県では古くから、このエイのヒレの干物の煮つけが、祭のもてなし料理として伝承されてきた。戻すのに3日かかるが、じっくり煮ると軟骨の歯ざわりやゼラチン質のとろっとした食感が味わえる。

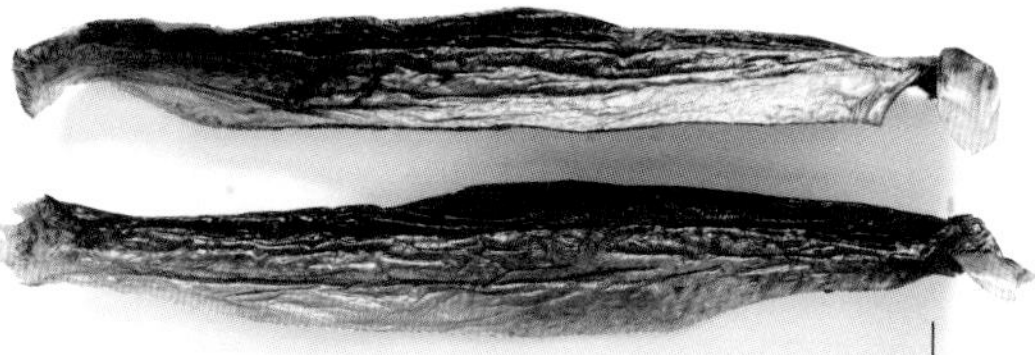

身欠きニシン（北海道）

本干は塩を使わずに干しあげた素干し品。通常は、中骨を取り除き、2枚におろして一週間以上、乾燥させて作る。米のとぎ汁に一晩以上つけて戻して使う。海のない会津や京都などで冷蔵庫のない時代に、様々なニシンの食文化が生れた。

干しニギス（富山）

北陸などの日本海沿岸に生息するニギス科の小ぶりの魚。キスに似ているが別の種類。内臓ごと丸干しにしたものが多い。焼いたりフライにして頭から丸ごと食べると、独特の苦みとうま味がない交ぜになったおいしさ。

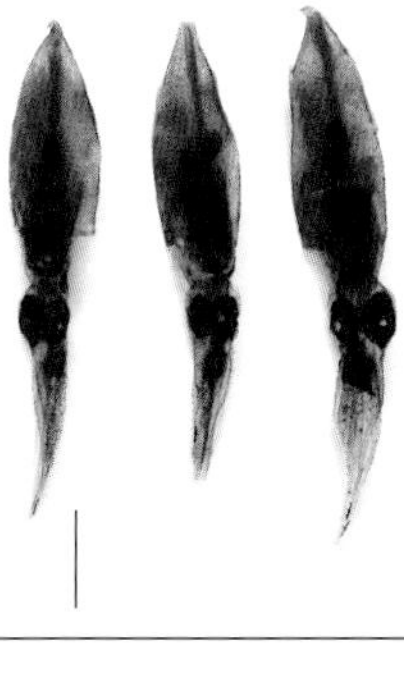

干しホタルイカ（富山）

発光器をもつ体長7㎝前後のイカで、富山湾の名物。丸のままカラカラに干した干物は、濃厚なうま味がある。あぶって食べてもおいしいが、里いもなどと煮ると、独特の風味のある濃い出汁が出る。炊き込みごはんやパスタの具にも好適。

鯨《くじら》のたれ（千葉）

千葉県南房総に江戸時代から伝わる鯨の干物。血抜きをしないツチクジラの肉をスライスし、しょうゆ、みりん、酒などのたれに漬け込み、天日干しにする。名前の由来は、干したときに調味液がたれることから。あぶると香ばしさが際立つ。

くさや（東京）

伊豆諸島の新島や八丈島の特産品。新鮮なムロアジなどを「くさや液」と呼ばれる独特の匂いと風味をもつ発酵液につけたあと、天日干しにする。塩が貴重だった江戸時代、塩水を使い回しながら作っていたところ、くさや液ができたとされる。

棒ダラ（京都）

北国から北前船経由で関西へ運ばれた本干棒ダラは、魚介類のとれない京都で重宝され、上手に調理された。里いも(えびいも)と合わせて煮込んだ「いも棒」は、京都の伝統料理。棒ダラは戻すのに1週間かかり、その出汁が里いもにうま味をつける。

巻《まき》鰤《ぶり》（石川）

能登で水揚げされた脂ののった寒ブリを塩漬けにして塩抜きをしたあと、わらで包んで一年ほど乾燥させる。縄で巻いたのは、金沢や京都に運ぶため。うま味が詰まっているので生ハムのように薄切りにして食べたり、サラダなどにも。

巻鰤茶漬け

材料（2人分）

巻鰤 — 薄切り8枚
ごはん — 2杯分
青じそ — 2枚
焼きのり — 適量
出汁 — 300㎖

つくり方

1. 巻鰤はなるべく薄くスライスする。のりは細く切る。青じそは繊維に逆らって細切りにし、水にさらして水気をきる。
2. 鍋に出汁を入れてわかす。
3. 器にごはんと巻鰤、青じそ、のりをのせて、アツアツの出汁をかける。

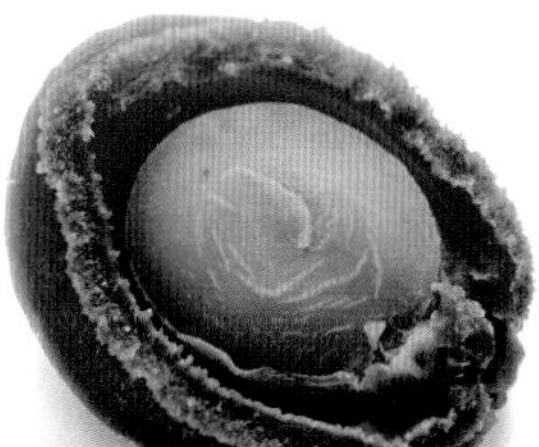

干し鮑《あわび》（岩手・三重）

鮑の中でも小さなものを乾燥させた干し鮑は、かつて高級食材として中国に輸出された。神事にも多く使われ、日本人の生活に深くかかわっている。鮑を薄く長くのして干した「熨斗鮑」は慶事に使われ、現在の紅白の熨斗の原型となった。

干し蛸《だこ》（大分）

大分県国東半島東沖の「たこつぼ漁」で漁獲される姫ダコ（マダコ）は、身が引きしまっておいしいことで有名。夏や冬には、一杯ずつ足を広げてカーテンのように吊るされ、天日干ししている風景が見られる。「たこめし」は大分の郷土料理。

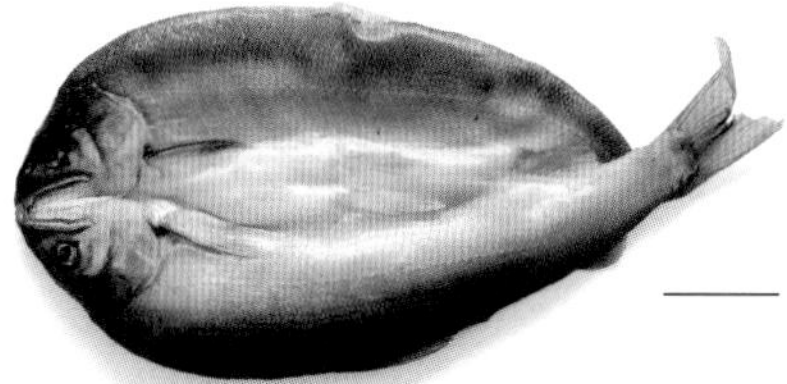

干し鮎（和歌山）

鮎は外国にはない日本の川魚。天然物のほか、伏流水を利用し、河川の中で養殖される鮎も多い。通常は鮮魚のまま塩焼きにするが、一夜干しにしたものも美味。形は開き干しや丸干しがある。あぶって丸ごと食べたり、炊き込みごはんにも。

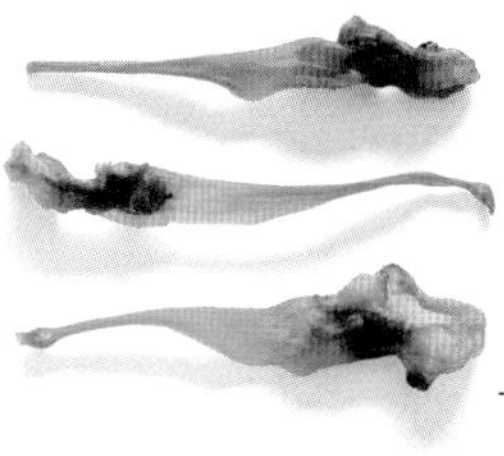

姫貝（愛媛）

バカ貝（青柳）の貝柱をはずし、残った部分に細い針金を通して、カラカラに干したもの。赤くて細長い足のような形が特徴。愛媛県産が有名。そのまま食べてもよく、軽くあぶって酒の肴に。炊き込みごはんにしても出汁がよく出る。

蛸飯

材料（作りやすい分量）

干し蛸 ― 100g
米 ― 2合
水 ― 360㎖
昆布 ― 3cm 角1枚
しょうが ― 10g
A　しょうゆ ― 大さじ2
　　みりん ― 大さじ1
　　酒 ― 大さじ1

つくり方

1. 干し蛸は水洗いしてから1.5cm角程度に切り、水につけて塩を抜く。水に昆布を入れて1時間おき、昆布水を作る。
2. しょうがは薄切りにし、米は研いでざるに上げ、30分おく。
3. 鍋に米を入れ、昆布水とAを加えてひと混ぜし、蛸としょうがをのせて火にかける。沸騰してから10分炊き、10分蒸らす。

うすい　はなこ

空間デザインや設計の仕事を経て、日本料理店で修業した後、独立。「H-table料理教室」を主宰。教室で使う魚の仕入れのため豊洲市場に通い、魚や干物のよさを再認識。干物や魚食文化を広める講演やイベントを行い、出張料理人としても活躍中。食にかかわる季節の手仕事を伝える「食卓をつなぐ会」主宰。料理監修、管理栄養士向け講座講師など、食育にも力を注ぐ。ライフワークは江戸料理の研究。

H-table 料理教室
http://syokutaku-tsunagu.com

手間、塩いらずで
うま味たっぷり
干物料理帖

2020年8月25日　初版第1刷発行

著者　うすいはなこ
編集人　打木歩
発行人　廣瀬和二
発行所　株式会社日東書院本社
〒160-0022
東京都新宿区新宿2丁目15番14号辰巳ビル
TEL　03-5360-7522（代表）
FAX　03-5360-8951（販売部）
URL：http://www.tg-net.co.jp/
印刷所　三共グラフィック株式会社
製本所　株式会社セイコーバインダリー

ISBN978-4-528-02301-7 C2077

デザイン　野本奈保子（ノモグラム）
撮影　板野賢治
スタイリング　唯根命美
料理アシスタント　廣田幹子
高波紗希

取材協力　小川貢一
㈱西秀商店
企画・編集　山中純子
進行　打木 歩

器協力
（p15、p17、p19、p23、p26、p28、p33、p38、p46、p55、p56、p58、p62、p76、p77、p78、p82、p86、p89、p90、p92、p94）

うつわshizen
東京都渋谷区神宮前2-21-17
Tel　03-3746-1334
http://utsuwa-shizen.com